*fine*BOOKS

stage/hacks

Das Wissen der Profis

Inhalt

Klaus-Jürgen „Knacki" Deuser ist Humorlegende, TV-Produzent, Agenturchef und Talentförderer aus Leidenschaft. Früher hat er mit *NightWash* die Comedywelt aufgemischt, jetzt hilft er Menschen und ganzen Unternehmen ihre Vortrags- und Präsentationskultur auf ein neues Level zu heben.

Angefangen mit einer Schauspielausbildung in New York blickt der ehemalige Hochleistungssportler und studierte BWLer auf über 35 Jahre Bühnenerfahrung mit über 5000 Auftritten zurück. Mit *Night-Wash* hat er eine Show entwickelt, die zum Sprungbrett für eine ganze Generation deutscher Comedians wurde. Dafür erhielt er 2016 den Deutschen Comedypreis. Doch Knacki Deuser stand nicht nur lange selbst auf der Bühne, er ist mittlerweile ein angesagter Produzent, Agenturchef und Berater. Und diesen riesigen Erfahrungsschatz möchte er mit diesem Buch auf den Punkt bringen. Denn neben seiner eigenen Karriere galt seine große Leidenschaft immer schon der Frage, wie man Wissen weitergeben und neuen Ideen und Talenten eine Chance geben kann.

Ich bin mir sicher, dass die Stagehacks dir helfen werden, die eigenen Auftritte und Vorträge auf ein neues Level anzuheben, und du aufgrund der Qualität deines öffentlichen Auftretens noch stärker in der Öffentlichkeit als Persönlichkeit wahrgenommen wirst. Jetzt könntest du dich vielleicht fragen, warum ich dies alles mache? Nun, erstens hat mir zu Beginn meines Weges so ein Buch gefehlt. Zweitens bereitet es mir Freude, Wissen weiterzugeben. Doch der dritte Grund war und ist mein Hauptmotivator: Ich möchte in einer modernen, offenen und innovativen Gesellschaft leben. Dafür braucht es neue und innovative Ideen. Damit diese Ideen aber überhaupt eine Chance zur Umsetzung bekommen, braucht es Menschen, die in der Lage sind, ihre Gedanken und Ideen auch überzeugend zu kommunizieren. Wenn uns die aktuelle Entwicklung im Bereich der künstlichen Intelligenz eins zeigt, dann, dass Inhalte in immer kürzeren Zeiträumen generiert werden können – aber präsentieren musst du sie immer noch selbst.

Das Buch *Stagehacks – Das Wissen der Profis* ist die Essenz meiner langjährigen Arbeit vor und hinter der Kamera. Ich stehe jetzt seit über 35 Jahren auf der Bühne oder vor der Kamera und es gibt kaum ein Genre, dass ich ausgelassen haben. Besonders prägend war mein Projekt *NightWash*, das ich im Jahr 2000 entwickelt und dann 14 Jahre lang mit über 300 Sendungen und 1000 Liveshows als Moderator und Produzent geleitet habe. Durch die permanente Arbeit mit neuen Gesichtern habe ich bewusst begonnen, über das Training von Auftritts- und Moderationsskills nachzudenken. Mich hat immer interessiert, ob ein großartiger Auftritt oder Vortrag und die damit verbundene persönliche Ausstrahlung eine Frage des Talentes ist, oder ob es erlernbar und trainierbar ist. Ich denke,

du kannst dieser Fragestellung schon entnehmen, dass ich ein großer Verfechter des Lern- und Trainingsansatzes bin. Ich habe mich in dieser Zeit konkret gefragt, wie kannst du notwendige Bühnenfähigkeiten trainieren und optimieren? Wie kannst du lernen, dein Publikum besser zu verstehen und deine Vorträge und Gespräche so auf die jeweilige Situation anpassen, dass dir dein Publikum gespannt an den Lippen hängt? Und eine Frage, die bei allen Überlegungen immer unterschwellig mitlief: Wie kannst du bei all der Arbeit auch noch dein Lampenfieber abbauen?
Mir war es wichtig, eine nachhaltige Wissensvermittlung zu gewährleisten. Das heißt, ich möchte dir helfen, ein Grundwissen und Können aufzubauen, das du später in den unterschiedlichsten Auftritts- und Vortragssituationen immer wieder einsetzen kannst. Vieles, was du hier im Buch nachlesen kannst, habe ich zuerst bewusst in meiner *NightWash*-Phase beobachtet, recherchiert und schließlich in Regeln zusammengestellt. Diese Erkenntnisse habe ich dann in vielen Einzel-Coachings und Seminaren immer wieder überarbeitet.
Deswegen: Mut zum Training und Spaß am Neuen.

Viel Spaß und nutze die Chancen!

Knacki Deuser

„Humor ist ein Ausrufezeichen gegen Angst."
Kierkegaard

Das Basis

KAPITEL 1 Die Stage/hacks

wissen

Die Stagehacks sind Erklärungen, Trainingsansätze und Verhaltensweisen zu einzelnen in sich abgeschlossen Themenbereichen rund um die Vortrags- und Auftrittswelt. In *Stagehacks – Das Wissen der Profis* habe ich Auftritte und Vorträge in ihre vielen kleinen Gewerke aufgesplittet, zerlegt, sortiert und genau unter die Lupe genommen. So kann ich dir aufzeigen, welche Faktoren du bei Vorträgen und Auftritten beachten solltest, welche Fallgruben du wie umgehen und wie du Verknüpfungen herstellen und trainieren kannst, um schließlich ein Gesamtwerk zu erstellen. Denn ein großer Auftritt ist wie ein Kunstwerk und jedes große Kunstwerk ist immer mehr als die Summe der einzelnen Gewerke. Plötzlich wird aus den unterschiedlichen Gewerken wie Farbe, Licht, Technik und Idee ein Bild, das Menschen für viele Jahre inspiriert und anzieht.

Zur besseren Verständlichkeit vergleiche ich einen guten Vortrag oder Auftritt gerne mit einem Hausbau. Um ein außergewöhnliches Haus zu entwerfen und zu bauen, müssen eine Vielzahl von Gewerken aufeinander abgestimmt werden. Einige Grundlagengewerke wie Statik und Design sollten immer stimmen, viele andere Gewerke sind gar nicht so kompliziert, aber in dem Moment, wo du sie alle gleichzeitig berücksichtigen sollst, verlierst du schnell den Überblick und weißt oft nicht, wo und wie du ansetzen sollst. Diese Betrachtungsweise kannst du auf deine Auftritte und Vorträge anwenden. Auch in diesem Umfeld gibt es einige grundlegende Gewerke, wie Text und Publikumsorientierung, aber noch häufiger sind es die Vielzahl kleiner Gewerke, die dir das Leben so schwer machen.

Um eine bessere Übersicht zu gewährleisten, habe ich *Stagehacks – Das Wissen der Profis* in vier große Themenblöcke unterteilt. Der erste Themenblock steht unter der Überschrift Basiswissen. Hier dreht sich alles um die grundsätzlichen Fragen, was einen Auftritt ausmacht. Wie bereitest du dich vor, was solltest du rund um die Bühnentechnik, die Mikrofonarbeit, Licht und richtige Bühnenpositionierung wissen? Erkenntnisse, die du übrigens auch für die Arbeit in kleinen Seminarräumen nutzen kannst. Und ich gebe dir immer Tipps, die dir beim Abbau von Lampenfieber helfen können.

Der zweite Themenblock setzt sich dann mit der eigentlichen Performance auseinander. Ich liefere Anleitungen zum Training der notwendigen Auftrittsskills wie Gestik, Mimik, Körpersprache, Timing und einer professionellen Probenarbeit. Zusätzlich erkläre ich dir die Unterschiede und Gemeinsamkeiten der Live- und Kameraarbeit. Ein Themenbereich, der in einer von Social Media geprägten Zeit eine immer größere Bedeutung erlangt.

Im dritten Themenblock beschäftige ich mich mit dem großen Thema der Moderation. Du wirst sehen, dass du mit diesem Thema viel häufiger konfrontiert wirst, als es dir vielleicht bewusst ist. Denn nicht nur große Konferenzen oder TV- und Bühnenshows werden moderiert, sondern jedes Seminar, jeder Workshop und auch jede Team- und Gruppenarbeit, die du leitest, wirst du an- und abmoderieren. Und egal, wie groß die Veranstaltung ist, die Regeln sind exakt dieselben.

Im Bühnenknigge, dem abschließenden vierten Themenblock, beschäftige ich mich schließlich mit der Frage, wie du nicht nur deinen Auftritt oder Vortrag, sondern dich als Persönlichkeit auf ein professionelles Level anheben kannst.

Wie kannst du dieses Buch nutzen?

Egal, ob du schon Erfahrung hast oder dich noch als Einsteiger oder Einsteigerin betrachtest, würde ich dir raten, den Themenblock Basiswissen als Ganzes durchzulesen. Hier findest du grundlegende Ansätze, die zum Standard deiner Arbeit werden sollten. Siehst du dich im semi- oder sogar professionellen Umfeld, dann kannst du als Nächstes auch schon den Bühnenknigge durchgehen.

Willst du an deinen Auftritts- und Bühnenfähigkeiten arbeiten, dann ist der Themenblock Performance der nächste Schritt. Hier findest du sowohl Anleitungen, wie du deinen Auftritt und Vortrag optimierst, als auch konkrete Proben- und Trainingstipps. In den letzten drei Kapiteln dieses Themenblocks gehe ich zusätzlich detailliert auf die Kameraarbeit ein.

Den Themenblock Moderation kannst du ebenfalls als eine Einheit verstehen. Doch auch wenn dich dieses Thema besonders interessiert, würde ich dir empfehlen, zuerst das Basiswissen durchgehen.

Des Weiteren kann ich mir gut vorstellen, dass du später dieses Buch immer wieder als Nachschlag- und Auffrischungswerk nutzen wirst. Ich kann aus eigener Erfahrung sagen, dass viele Tipps mit jeder neuen Erfahrung in ihrer Bedeutung mitwachsen (s. Kapitel 3.6 Insider-Tipps).

Zum Abschluss von jedem Kapitel gibt es immer zwei kurze Zusammenfassungen (Merke & Fazit): eine kurze inhaltliche Zusammenfassung sowie Herausstellung wesentlicher Handlungshinweise und einen Hinweis auf die Gesamtzusammenhangsebene.

MERKE:

In den einzelnen Themenblöcken und Kapiteln habe ich Auftritte und Vorträge in ihre vielen unterschiedlichen Gewerke aufgesplittet, zerlegt, sortiert und genau unter die Lupe genommen und dir gezeigt, wie du die unterschiedlichen Gewerke verstehen, trainieren und zusammenführen kannst.

FAZIT:

Je schneller du einen Auftrittsstandard und Auftrittsroutinen aufbaust, umso schneller kannst du dich auf das Wesentliche eines Auftritts konzentrieren: deinen Inhalt und dein Publikum.

KAPITEL 2
Schwächen minimieren – Stärken ausbauen

Drei Arbeitsansätze wirst du in den Kapiteln immer wiederfinden. Erstens das Thema Schwächen minimieren und Stärken ausbauen. Zweitens die Idee der kontinuierlichen Entwicklung „Step by Step" und drittens ein publikumsorientierter Ansatz.

Beginnen wir mit einem Beispiel zum Thema Stärken und Schwächen. Ist es schlimm, dass man bei einem Vortrag einen Dialekt oder einen Akzent heraushört? Würde dich das stören? Wahrscheinlich nicht. Du musst nicht notwendigerweise ein perfektes Bühnenhochdeutsch sprechen. Ganz im Gegenteil: Ein Dialekt kann Botschaften sogar unterstützen. Einem regionalen Künstler oder Künstlerin, Politiker oder Politikerin kann ein Dialekt helfen. Hast du einen Akzent, so kann das deine Internationalität hervorheben. Willst du jedoch als Schauspieler King Lear oder Martha Stuart spielen, wird ein Dialekt wahrscheinlich stören. Bist du Stand-up-Comedian, dann kommt es auf deine Rolle und Botschaft an. Bei normalen Präsentationen im Job, in der Schule oder an der Uni spielt der Akzent oder Dialekt eine untergeordnete Rolle. Außer dein Dialekt ist so stark, dass du feststellen musst, dass sich deine Zuschauer mehr mit deinem Dialekt als mit deinem Inhalt beschäftigen. In diesem Fall solltest du dich mit dem Thema Sprachschulung auseinandersetzen.

Ein Ziel der Stagehacks ist es daher, deine Selbstwahrnehmung zu schulen. Um deine Stärken und Schwächen besser zu orten und eine verbesserte Eigenwahrnehmung zu entwickeln, hilft es, wenn du zu Beginn von all den unterschiedlichen Gewerken und Techniken gehört hast. So kannst du dann im zweiten Schritt auf die passenden Tipps und Übungen zugreifen.

Ein weiteres Ziel der Stagehacks ist es, den permanenten Stress der Auftrittsarbeit zu reduzieren und so überhaupt ein kontinuierliches Training zu gewährleisten. Ich vermute, dass auch du am liebsten sofort mit einem umjubelten Auftritt und Standing Ovations beginnen möchtest. Natürlich darfst du dir große Ziele setzen und träumen. Allerdings hilft es, wenn du dir realistische Zwischenziele setzt und einfach erst mal anfängst. Daher beschreibe ich den Fahrplan meiner Methodik mit den drei Worten „souverän, sympathisch, spektakulär". Du könntest dies auch mit „Step by Step" übersetzen. Diese

Herangehensweise ist mir enorm wichtig, denn sie wird dir helfen, entspannter mit Proben- und Auftrittssituation umzugehen.

Ziel des „souveränen" Vortragens ist es, sich zuallererst auf die wesentlichen Dinge eines Vortrags oder eines Auftritts zu konzentrieren. Du brauchst einen Text, der die Grundlage deiner Arbeit ist, und für den du letztendlich verantwortlich bist. Dann solltest du wissen, wo und vor wem du auftrittst, und du solltest in Lage sein, so vorzutragen, dass man dich versteht und dir inhaltlich folgen kann.

Jetzt kommt die Sympathie mit ins Spiel. Sympathie steht als Synonym für all die Möglichkeiten, die dir helfen, empathischer, unterhaltsamer und fesselnder wahrgenommen zu werden. Das souveräne Vortragen erhält eine unterhaltende Note. Wie kannst du deine Texte frei, locker und unterhaltend präsentieren? Der einfachste Trick lautet: Lächeln. Lieber einmal zu viel als zu wenig lächeln. Lächeln hilft auf den unterschiedlichsten Ebenen. Es stellt eine emotionale Verbindung zu deinem Gegenüber her. Es lässt dich selbstsicherer erscheinen. Und das Lächeln hat auf Grund neurologischer Effekte einen beruhigenden Einfluss auf uns.

Und erst jetzt kommt das, was eigentlich alle suchen: der spektakuläre Moment. Erstaunlicherweise geht es dabei weniger um die Verbesserung der Techniken als vielmehr um einen Perspektivenwechsel. Bisher hast du dich die meiste Zeit mit dir selbst beschäftigt. Was willst du sagen? Wie willst du es sagen? Wie kannst du souveräner und sympathischer rüberkommen? Wie kannst du deine Unsicherheiten abbauen? Ab jetzt solltest du dich mehr mit deinem Publikum beschäftigen als mit dir selbst. Wer sitzt dir denn überhaupt gegenüber? Was interessiert diese Menschen, was sind ihre Wünsche und Gedanken? Und wie kannst du ihnen mit deinem Wissen bei ihren Problemen helfen? Das ist eine der ganz großen Erkenntnisse der Bühne. Am liebsten hören Menschen etwas über sich und ihre Interessen. Deswegen werden Fragen wie „Kennste?" oder „Geht Ihnen das nicht auch so?" so häufig in Bühnenprogrammen eingesetzt. Wenn du auf Basis der notwendigen handwerklichen Grundlagen deinen Fokus auf deine Zuschauer lenkst, wirst du erstaunt sein, wie schnell und regelmäßig du deine Zuschauer mitreißen wirst …

MERKE:

Wie vieles im Leben beginnt auch ein erfolgreicher Auftritt und die Erarbeitung einer öffentlichen Bühnenpersönlichkeit mit dem ersten Schritt. Die Stagehacks liefern nicht nur notwendige Trainings- und Überprüfungsansätze, sondern sie bieten dir viele Tipps, wie du die entsprechenden Fähigkeiten trainieren und verbessern kannst.

FAZIT:

Ziel ist es, deine Schwachpunkte auf ein sicheres Grundlevel anzuheben, damit du dich dann auf deine Stärken konzentrieren kannst. Die wichtigste Regel auf diesem Weg lautet: „Step by Step". Entwickle ein sicheres Fundament, damit du dich auf das Wichtigste deines Vortrags oder Auftritts konzentrieren kannst: dein Publikum.

KAPITEL 3
Amateur vs. Profi

Was ist der Unterschied zwischen Amateuren und Profis und wie werde ich zum Profi?

Für mich ist es nicht die Qualität des einzelnen Vortrags oder Auftritts. Diesbezüglich ist der Unterschied auf den ersten Blick oft gar nicht so groß. Es ist vielmehr die Tatsache, dass du als Amateur nur gelegentlich auftrittst oder vorträgst, und du dich als Profi quasi tagtäglich mit diesen Themen beschäftigst. Und diese permanente Auseinandersetzung führt zu einem größeren Erfahrungsschatz, sorgt für einen hohen Qualitätsstandard und hilft dir ein professionelleres Mindset aufzubauen, wie du mit schwierigen und herausfordernden Situationen besser umgehst. Doch diese Erkenntnisse und dieses Mindset kannst du – wenn du es einmal verstanden hast – natürlich auch für dich jederzeit nutzen.

Fangen wir mit dem Thema Erfahrung an. Profis haben in der Regel ein bisschen mehr Erfahrung. Sie treten einfach häufiger auf. Diese Erfahrung tragen sie bei sich, wie ein imaginäres Säckchen voller kleiner Sprüche und Reaktionsmöglichkeiten. Ein Beispiel: Jeder kennt Gesprächs- oder Auftrittssituationen, aus denen man gefühlt als Verlierer rausgeht, weil einem in einer Diskussion oder bei einem Zwischenruf nicht sofort die richtige Antwort einfällt. Erst eine Stunde später, wir sind schon längst zu Hause, schießt uns die passende Antwort in den Kopf: „Das hätte ich sagen sollen!"

Amateure ärgern sich, doch Profis merken sich die Antwort, denn sie wissen, dass solche Situationen immer wieder auftauchen werden. Die Profis stecken die Antwort in ihr Erfahrungssäckchen. Kommt man jetzt wieder in so eine ähnliche Situation, dann fängt man nicht bei Null an, sondern weiß: „Moment, ich habe doch da was in meinem Säckchen...?!" Dann nimmt man die Antwort von damals heraus, passt sie der aktuellen Situation an und schmettert sie seinem Gegenüber an den Kopf. Alle Umstehenden werden bezeugen: „Wow, da ist aber jemand spontan!"

Du baust nur dann Erfahrung auf, wenn du bereit bist, aus Fehlern zu lernen, und dich häufiger in ähnliche (unangenehme) Situationen begibst. Warum aber solltest du dich mit einem vergangenen Erlebnis auseinandersetzen, wenn du so etwas nie wieder machen möchtest? Das ist einer der großen Unterschiede zwischen Amateuren und Profis. Amateure sehen in jedem Ereignis einen einmaligen, abgeschlossen Event. Profis sehen Patterns und planen für die Zukunft. Die Bereitschaft, nie mit dem Lernen aufzuhören und Fehler als Chance zu sehen, ist für mich eine der wichtigsten Grundlagen eines professionellen Mindsets.

Neben dem Thema des Erfahrungsaufbaus sehe ich drei weitere große Punkte, an denen ich den Unterschied zwischen einem amateurhaften und einem professionellen Herangehen ausmache. Der erste Punkt betrifft ein Thema, das fast untrennbar mit der Bühne verbunden ist: Lampenfieber. Amateure sagen ganz oft: Ich würde ja gerne auftreten, aber ich habe solche Angst, dass ich dann Lampenfieber kriege. Vor einigen Jahren kam eine wissenschaftliche Studie zu dem Ergebnis, dass Menschen mehr Angst vor öffentlichen Auftritten haben als vor ihrem Tod. Deswegen ist angeblich die allergrößte Angst, eine Rede auf der eigenen Beerdigung zu halten. Ganz ehrlich, wie absurd?!

Natürlich werde ich auch immer wieder gefragt: „Knacki, hast du nach all den Jahren immer noch Lampenfieber?" „Ja, klar habe ich Lampenfieber." „Echt?" „Ja, ein Grundkribbeln ist immer da. Und manchmal ist es mehr als ein Kribbeln und stört mich immer noch." „Und Lampenfieber hat dich nie abgehalten?"

Nein, es hat mich genervt, aber nie abgehalten. Vielleicht weil ich schon früh im Wettkampfsport gelernt habe, dass Nervosität Teil des Jobs ist. So banal es klingt, aber Amateure haben Angst vor der Angst, und Profis akzeptieren, dass Lampenfieber ein Teil des Jobs ist und sie daher einen Weg finden müssen damit umzugehen. Aus der Verhaltensforschung weiß man, dass es ein Leben ganz ohne Angst und Sorgen niemals geben wird. Angst ist genetisch in uns verankert. Wir können uns genetisch nicht umprogrammieren, aber wir können uns neu konditionieren. Das heißt, wir können das, was die Angst auslöst, neu bewerten und somit der Angst die Schwere und Bedeutung nehmen.

Hast du im tagtäglichen Leben Angst, vor Freunde, Bekannte oder Kollegen zu treten und etwas zu sagen? Eher weniger. Ist es nicht vielmehr die Vorstellung, was dort bei dem Auftritt alles passieren könnte, die die Angst bei dir auslöst? Zum Beispiel, dass dir der Text nicht einfällt? Dass Menschen dich auslachen und du dich blamierst? Diese Vorstellungen kannst du ändern, indem du die Bilder, die du mit dem Auftritt verbindest, veränderst.

Der Auftritt bleibt der Auftritt, aber die Vorstellung, was dir beim Auftritt passieren könnte, diese Vorstellung kannst du mit neuen positiven Bildern besetzen. Stell dir als erstes vor, was beim anstehenden Termin alles passieren könnte, und wovor du die meiste Angst hast. Stell dir deine konkreten Probleme vor, zum Beispiel hast du Angst vor einem Textblackout. Stell dir konkret vor, was passiert, wenn du den Text vergisst. Ist das wirklich eine Katastrophe? Nein, es ist menschlich und kann uns sogar sympathischer machen.

In dem Moment, in dem du dir das Problem konkret vorstellst, kannst du dir auch eine konkrete Lösung überlegen, zum Beispiel was du stattdessen sagen könntest, oder dass du ab jetzt immer Textkarten mitnimmst. Du kannst dir vorstellen, wo du diese Textkarten hinlegst, und wie du sie in deinen Auftritt einbauen könntest. Mit diesem Schachzug hast du gleich zwei Probleme gelöst: Du nimmst der Angst die Schärfe UND hast dir eine konkret anwendbare Notfalllösung überlegt. Und jetzt kannst du dir abschließend auch noch die erfolgreiche Variante deines Auftritts vorstellen. Damit bist du inmitten dessen, was Sportler als Mentaltraining und Visualisierung bezeichnen.

Ich weiß aus Erfahrung, dass das Thema Lampenfieber für manche Menschen als unlösbar erscheint, und wahrscheinlich reichen dann zwei Paragrafen in diesem Buch nicht aus, um dieses Problem für dich zu lösen. Ich kann nur immer wieder feststellen, dass Bühne keine Magie, sondern Arbeit und Training ist. Für manche Themen brauchst du ein tieferes und psychologisches Training. Aber bitte lass dich nicht vom Lampenfieber abhalten! Das wird weniger. Versprochen.

Einen abschließenden Gedanken möchte ich dir noch mit auf den Weg geben. Ängste in all ihren unterschiedlichen Formen werden im Laufe unserer Aufgaben und Projekte immer wieder aufploppen. Aber bei allen Nachteilen zeigt uns die Angst, dass du auf dem richtigen Weg bist. Denn wenn du niemals Angst hast, dann heißt das im Umkehrschluss, dass du dich niemals neuen Herausforderungen stellst. Wenn du trotz Angst deine Projekte startest, dann zeugt das von großer emotionaler Stärke. Es zeigt, dass du Engagement und Risikobereitschaft besitzt UND dass du nur noch wenige Meter von deinem Ziel entfernt bist. Und wie ich am Ende des Buches noch einmal betonen werde: Ohne ein ganz bisschen Mut geht es nicht. Aber glaube mir, die Welt geht nicht unter, nur wenn du mal einen schlechten Vortrag abgeliefert hast …

Der nächste wichtige Punkt, der Teil des professionellen Mindsets ist, ist das Geheimnis der Wiederholung. Als Amateur neigst du schnell dazu, nach deinem dritten oder vierten Auftritt am Text oder an deiner Präsentation etwas zu ändern, weil sich ein Gefühl der Gewöhnung und Langeweile einstellt. „Ich will endlich mal was Neues sagen. Ich kann mir selbst nicht mehr zuhören." Das kann ich aus der persönlichen Situation heraus verstehen. Aber als Profi bin ich dankbar, wenn ich ein und denselben Text mehrmals wiederholen kann. Denn erst nach der x-ten Wiederholung fängt der Text an zu leben. Erst dann kann ich den Text richtig ausleben und auf den Punkt bringen.

Das Thema Wiederholung ist deswegen für mich so wichtig, weil es nicht nur um das Thema „Verbesserung meiner Arbeit durch ständiges Training" geht, sondern um die Einstellung dem Publikum gegenüber. Ob du dich langweilst, sollte nämlich keine Rolle spielen. Dein Job ist es, Wissen zu vermitteln und Menschen zu unterhalten. Und das solltest du so gut machen wie möglich. Und wie im Sport brauchst du Wiederholungen und Routinen, um besser zu werden. Wenn du dich dabei langweilst, ist es deine Aufgabe, an deiner Einstellung zu arbeiten anstatt den Text zu verändern. Wenn du wie ein

Profi arbeiten möchtest, dann geht es nicht um dein persönliches Vergnügen, sondern darum, deine Arbeit möglichst gut zu machen. (Und wenn du es schaffst, dass diese Arbeit dir auch noch Spaß macht – umso besser.)

Der dritte Punkt ist das Thema Fokussierung. Zusammengefasst würde ich sagen: Fokussiere dich auf die Arbeit und deine Zuschauer und nicht auf dein Ego und deine Gefühle. Du wirst gleich bemerken, wie viel dieser Punkt mit dem Thema der Wiederholung zu tun hat. Zum Beispiel die eben angesprochene Langeweile. Es geht nicht um deine Langeweile. Nutze die Wiederholung und fokussiere dich auf deinen Vortrag. Wo und wie kannst du ihn spannender gestalten? Wo kannst du Pausen setzen? An welchen Stellen des Vortrags reagieren die Zuschauer besonders? Wo werden sie unruhig? Versuche – bei aller Konzentration – deinen Worten und nicht deinen Gefühlen zuzuhören.

Wenn du jetzt noch das Verb fokussieren durch das Verb kümmern austauscht, dann weißt du, was dich zum Profi reifen lässt. Kümmere dich um dein Publikum. Wenn du das verstanden hast, wird sich vieles von selbst erklären. Kümmere dich um dein Publikum, versuche dich in dein Publikum hineinzuversetzen. Überlege dir, wie DIE sich fühlen. Ein gutes Beispiel ist eine Auftrittssituation, bei der erheblich weniger Zuschauer gekommen sind als geplant. Glaub mir, es ist schwieriger vor wenigen als vor vielen Menschen zu spielen. So etwas ist immer unangenehm und führt schnell zu großer Anspannung. Aber wie fühlen sich die Zuschauer in einem schwach besetztem Raum? Wahrscheinlich werden sich die Zuschauer genauso unwohl fühlen wie du. Vielleicht denken sie: „Das kann ja nichts werden, wenn keiner kommt. Warum sind wir bloß hier?" Oder sie leiden mit dir, weil sie sich wiederum vorstellen können, dass es nicht schön ist, vor wenigen Menschen aufzutreten.

Gerade in schweren Situationen solltest du dich immer in dein Publikum hineinversetzen. Wie geht es denen? Was denken die? Wenn du es schaffst, das auszusprechen, was die ANDEREN denken, dann werden sie enorm beeindruckt sein. So wirst du zum Profi und baust dir wahre Fans auf.

Menschen, die schon lange auf der Bühne oder vor der Kamera stehen, sagen ganz oft: „Nur auf der Bühne kannst du die Bühne wirklich erlernen." Aber in meinen Augen funktioniert dies nur, wenn du dich nicht ständig mit dir selbst beschäftigst, sondern bereit bist, dich auf deinen Inhalt zu fokussieren und dich um dein Publikum zu kümmern. Je schneller du ein professionelles Mindset aufbaust, um so schneller reifst du zu einer großen Bühnenpersönlichkeit.

Du kannst den Umgang mit Lampenfieber lernen. Wiederholungen helfen dir, dich sicherer zu fühlen. Konzentriere dich mehr auf dein Publikum und weniger auf deine Befindlichkeiten.

Das professionelle Mindset unterscheidet Amateure und Profis. Du solltest bereit sein, dich weiterzubilden und zu verstehen, dass Vortragen und Auftreten ein Job und keine Selbsttherapie ist. Es geht nicht um dein Ego und deine Sorgen, sondern um deine Zuschauer!

KAPITEL 4 Rollenverständnis

Ein wichtiger Gesichtspunkt des Themenblocks Basiswissen ist es, Einsichten zu liefern, die dir helfen, ein besseres Gesamtverständnis für den Event und die beteiligten Personen zu entwickeln. Je besser du Situationen und Menschen lesen kannst, um so besser kannst du agieren und reagieren. Daher ist es auch wichtig, dass du verstehst, deine eigene Rolle und die damit verbundenen Erwartungen richtig einzuschätzen. Je klarer dir deine Rolle ist, umso schneller kannst du dir auch vorstellen, was man von dir erwartet, wie man dich wahrnimmt und warum Menschen entsprechend agieren.

Ich sehe drei unterschiedliche Kategorien von Rollen, in denen wir agieren und wahrgenommen werden. Erstens Künstler oder Künstlerin, Dienstleister oder Dienstleisterin und Experte oder Expertin.

Als Künstler trete ich auf und die Menschen kommen zu mir. Das Publikum zahlt, um deine Inhalte und deine Bühnenpersönlichkeit zu erleben. Oder es kauft deine Bücher oder hört sich gegen eine Lizenz deine Musik an. Als Künstler oder Künstlerin wirst du für dein Können, deine Ideen und dein Ego bezahlt. Dafür musst du aber auch alles tun, um die Leute zu begeistern, und oft dauert es auch einiges an Zeit, bis es so läuft, dass man davon leben kann und es Spaß macht. Wenn es aber einmal läuft, ist das ein toller Job. Doch egal, wie gut es funktioniert, oder wie voll Räume oder Hallen sind, eins ist immer gleich. Wenn die Menschen sich entschieden haben zu dir zu kommen, dann wissen sie auch zum größten Teil, was sie erwartet. Und wenn man schon einmal zugeschaut und bestenfalls sogar etwas dafür bezahlt hat, dann ist man dir gegenüber eher positiv als kritisch eingestellt. Bei aller Nervosität und Sorge, ob du auch „ankommst", kannst du davon ausgehen, dass der Großteil der Menschen auf deiner Seite steht. Mach dir dies immer klar, denn es hilft dir, die Auftrittsmomente besser zu genießen. Diese Erkenntnis hilft dir auch beim Abbau deiner Nervosität.

Die zweite große Rolle, die gerade für Vorträge und Auftritte eine große Bedeutung spielt, ist die Rolle des Dienstleisters oder der Dienstleisterin. Du wirst eingekauft, um auf einem Event, einer Gala oder Konferenz aufzutreten oder als Keynote Speaker deine Erkenntnisse zu präsentieren. Das heißt, du als Dienstleister wirst eingekauft, um mit Hilfe deines Wissens oder deiner Persönlichkeit ein Produkt, andere Menschen oder ein Unternehmen zu präsentieren oder Mitarbeiter und ein Team zu motivieren. Dieses Engagement bringt dich in eine finanziell komfortable Situation, denn du musst dir nicht ständig Sorgen machen, ob deine Tickets verkauft werden. Aber du musst dir auch klarmachen, dass du nicht im Mittelpunkt aller Aktivitäten stehst. Denn du bist letztendlich nur ein Mittel zum Zweck.

Ein Vorteil der Rolle des Dienstleisters ist, dass du die Freiheit hast, im Vorfeld zu entscheiden, ob du diesen Job überhaupt annehmen willst. Wenn du keine Lust hast, dein Können und dein Ego „zu verkaufen", dann nimm den Job bitte nicht an. Wenn dir der Job nicht zusagt, du aber scharf auf das Geld bist, dann gibt es nur einen Weg: Sei professionell! Denn als Dienstleister oder Dienstleisterin wirst du nicht nur für dein Können, sondern auch für dein Handling bezahlt.

Ein simples Beispiel aus der Praxis.

Gehe ich als Künstler auf Tour, dann möchte ich, dass Licht und Ton auf der Bühne stimmen (Stichwort: Technik-Rider). Ich erwarte, dass die Garderobe in Ordnung ist, dass ich ein Catering und meine Gage erhalte. Damit ich auf der Bühne eine tolle Show abliefern kann, sollte ich mich wohlfühlen. Und diese Rahmenbedingungen kann ich von professionellen Veranstaltern einfordern.

Wenn du stattdessen als Dienstleister eingekauft wirst, bekommst du in der Regel mehr Geld. Das klingt schon mal ganz verlockend. Aber wenn dann das Catering nicht so ganz nach deinem Geschmack oder die Garderobe nicht optimal auf dich ausgerichtet ist, dann beschwere dich nicht. Sei professionell, lächle, hole dir selbst etwas zu essen und konzentriere dich auf deinen Job.

Und jetzt gibt es noch eine dritte Rolle: die des Experten oder der Expertin. Dieser Begriff klingt viel größer, als er in Wahrheit ist. Du bist immer dann in der Rolle des Experten oder der Expertin, wenn du Wissen oder Informationen präsentierst. Das kann ein Referat an der Uni sein oder der Kassenabschluss im Verein oder du präsentierst unternehmensinterne Team-Ergebnisse.

Der entscheidende Unterschied zu den ersten zwei Rollen ist, dass du nicht nur präsentieren, sondern oft zu Beginn des Vortrags auch deinen „Experten-Status" beweisen musst. Stell dir vor, du musst an der Uni oder in einem Unternehmen vor Kommilitonen, Kollegen oder Mitarbeitern einen Vortrag halten. In diesem Fall musst du nicht nur deinen Inhalt präsentieren, du musst in der Regel zuerst einmal „beweisen", dass du den Expertenstatus nicht umsonst trägst. Die Zuschauer in so einem Rahmen sind viel kritischer als bei einem Auftritt oder einem Event, bei dem du in der Regel auch schon entsprechend angekündigt wirst. Das Publikum sitzt vor dir und denkt Dinge: „Ja, mach doch mal!" „Mal gespannt, was unsere Chefin uns heute erzählt." „Wie jung ist der denn…" Wenn du dir aber im Vorfeld die mögliche Erwartung deines Publikums vor Augen führst, kannst du die Situation viel besser händeln.

Zusammenfassend könnte man festhalten, je mehr du deine Rolle verstehst, desto schneller kannst du die Reaktionen des Publikums und der Veranstalter vorhersagen. Dies lässt dich ruhiger und entspannter werden und ermöglicht dir, frühzeitig mit den Erwartungen der Zuschauer zu spielen und so dein Publikum noch schneller auf deine Seite zu ziehen.

MERKE: Es gibt drei große Kategorien von Akteuren und Akteurinnen: Künstler, Dienstleister und Experten. Jede Rolle hat ihre eigenen Herausforderungen.

FAZIT: Je besser du deine Rolle verstehst, desto einfacher ist es für dich, dich auf die Situation einzulassen, und desto besser wirst du sie dann bewältigen.

KAPITEL 5
Das Auftrittsbriefing

Es gibt einige Aufgaben, die ich nicht einem einzelnen Kapitel zuordnen kann, sondern die in dem gesamten Arbeitsablauf eines Vortrags eine Rolle spielen. Das Thema Research ist eine dieser Aufgaben. In unterschiedlichsten Phasen deiner Vorbereitungs- und Probenarbeit wirst du immer wieder auf Informationen zu deiner Zuhörerschaft, deinem Auftraggeber und dein Auftrittsumfeld zugreifen müssen. Ich gehe sogar so weit, dass ich dir im Themenblock Bühnenknigge empfehle, dir ein professionelles Level an Neugierde zuzulegen. Damit meine ich nicht die Bereitschaft etwas Neues zu lernen, sondern die Bereitschaft sich über die Rahmenbedingungen und die Menschen, mit denen du es zu tun hast, zu informieren. Es ist schon erstaunlich, wie oft wir unser Handy in der Hand halten und es doch nicht schaffen, unseren nächsten Gesprächspartner oder die aktuellen Künstlerkollegen zu googeln.

Du solltest nie auftreten, bevor du dir nicht zumindest die Basisfragen bezüglich deines nächsten Auftritts oder Vortrags gestellt hast. In diesem frühen Kapitel möchte ich zuerst auf die Basisarbeit eines jeden Auftritts oder Vortrags hinweisen: das Auftrittsbriefing. Deine Aufgabe ist es, in der Vorbereitung die großen „W's" abzufragen.

Wo

Wo bist du?
Wie heißt der Ort, der Stadtteil, das Theater, das Unternehmen, der Raum, das Konferenzcenter?
Wie sieht der Auftrittsort aus?
Sitzen oder stehen die Zuschauer?

Wann

Wann findet der Auftritt statt?
Uhrzeit, Tag, Jahreszeit, Reihenfolge.

Wer

Wer lädt ein?
Wer ist eingeladen?
Wer kommt?
Wie viele kommen?
Wie jung, wie alt, wie heterogen?

Warum

Was ist der Anlass?
Warum gibt es diese Veranstaltung?
Warum kommen die Zuschauer?
Kommen sie freiwillig, haben sie Tickets gekauft, müssen sie da sein?
Uni, Unternehmen, sonstige Veranstaltungen?
Warum hat man dich engagiert?

Nimm diese Fragen bitte ernst. Auch wenn sie sich vielleicht als selbstverständlich anhören, kann ich dir nur sagen, wie oft Vortragende und Künstler in den ersten Minuten ihres Auftritts unnötig kämpfen müssen, weil sie weder wissen wo noch vor wem sie gerade stehen. Selbst wenn du diese Fragen nur kurz recherchierst, kannst du dich im Vorfeld viel schneller auf die kommende Veranstaltung einstellen. Wir gehen später noch einmal genau auf die technischen Rahmenbedingungen ein und besprechen auch, warum das Thema Publikumsorientierung elementar für deinen Erfolg und deine Ausstrahlung ist. Aber mit wachsender Auftrittserfahrung kannst du schon mithilfe dieser Fragenliste deine Auftritte oder Vorträge im Handumdrehen auf die jeweilige Location und Veranstaltung anpassen. Mit den entsprechenden Informationen wirst du als vorbereitet wahrgenommen und du kannst dir maßgeschneiderte Anfänge bauen, die dir helfen, das Publikum schneller auf deine Seite zu ziehen.

Vor jedem Auftritt sollte ein gutes Briefing stehen. Frage die großen „W's" ab. Je mehr Informationen du recherchierst, umso besser kannst du dich auf die Veranstaltung einstellen, und umso vorbereiteter und souveräner wirst du wahrgenommen.

Das Auftrittsbriefing sollte zu deiner Routine werden. Du solltest immer wissen, mit wem du es im Publikum und in der Veranstaltung zu tun hast. Je mehr du im Hier und Jetzt bist, umso schneller baust du Hemmschwellen ab und Beziehungen auf.

KAPITEL 6 Zieldefinition

Ich werde nie vergessen, was mir ein junger aufstrebender Künstler bei seiner ersten *NightWash*-Aufzeichnung auf die Frage, was denn das Ziel seines Auftritts sei, geantwortet hat. Seine Antwort war klar und direkt: „Ja, was man halt so erreichen möchte. Ruhm, Liebe, Reichtum, Nachfolgeauftritte und Begeisterung." Ich dachte mir: „Ach guck mal, der hat ja dieselbe Vision wie ich früher." Es fehlte vielleicht noch ewiges Leben und Weltfrieden, aber ich habe am Anfang meiner Karriere auch nicht immer an alles gedacht…

Natürlich brauchst du Ziele (und auch einige Träume) im Leben. Du brauchst Ziele, um daraus Strategien abzuleiten. Und natürlich musst du dann diese Ziele und die tatsächlich erreichten Zwischenschritte immer wieder bewerten und anpassen. Das nennt man Agilität. Agile Prozesse kann man sehr gut auf einer Stand-up-Bühne trainieren. Du trittst auf. Nur wenige lachen. Du arbeitest an deinem Text und der Performance. Du wirst besser. Und so geht es dann weiter.

Doch um die großen Ziele zu erreichen, hilft es, wenn du erst einmal den nächsten anstehenden Auftritt oder Vortrag möglichst gut auf den Punkt bringst. Zwei wesentliche Fragen solltest du dir in Bezug auf deinen Auftritt oder Vortrag im Vorfeld immer wieder stellen und daraufhin Text und Performance überprüfen: Was willst du vermitteln und was willst du erreichen?

Starten wir mit der ersten Frage. Was will ich vermitteln? Letztendlich ist die Ausarbeitung dieser Frage die offensichtliche Grundlage deiner Arbeit. Was soll präsentiert oder erklärt werden? Dafür musst du den Text erstellen, die entsprechenden Zahlen zusammenstellen, Gags aufschreiben und die Schlüsselbotschaft definieren. Und selbst, wenn du den Text in Auftrag gibst, muss du ja im Briefing definieren, was du sagen möchtest.

Denke immer daran: Content is King. Du wirst nur dann einen erfolgreichen Auftritt oder Vortrag abliefern, wenn du wirklich einen Text mit Inhalt und Botschaft vorbereitet hast.
Und bevor du dir Gedanken machst über Themen wie Dramaturgie, Storytelling oder Timing, würde ich deinen Text – und das gilt auch

für Schauspieltexte – mit Fokus auf diese Frage noch einmal genau durchleuchten. Wie oft wissen wir, was wir sagen wollen, bringen es aber nicht wirklich auf den Punkt. Doch wenn du diesen Content, dieses „Was will ich vermitteln" auf den Punkt gebracht hast, kannst du beim Thema Perfomance schon erheblich entspannen.

Ein Beispiel: Stell dir vor, du trittst als Chef oder Chefin vor deinen Mitarbeitern und Mitarbeiterinnen auf und teilst ihnen mit, dass jeder das Doppelte an Gehalt erhält. Glaub mir, sie werden dich lieben, egal ob du auf dem Kopf oder mit dem Rücken zu ihnen stehst, oder du zwischen jedem Halbsatz ein ÄH einbaust. Performance-Schwächen verspielen sich ganz schnell, wenn der Content stimmt.

Kommen wir jetzt zur zweiten und für mich noch viel spannenderen Frage: „Was will ich erreichen?" Diese Frage musst du letztendlich mit dir selbst ausmachen, denn sie steht nicht immer im Einklang mit deiner eigentlichen Aufgabe. Zur besseren Erklärung habe ich drei Beispiele zusammengestellt.

Bühne

Willst du Standing Ovations oder möchtest du einen nachhaltigen Impuls setzen? Möchtest du, dass die Zuschauer sofort Tickets für die nächste Show kaufen oder möchtest du, dass sie dir auf deinen Social-Media-Kanälen folgen? Möchtest du, wenn du mit anderen arbeitest, gemeinsam die perfekte Show abliefern oder möchtest du als der überragende Star angesehen werden?

Unternehmen

Deine Aufgabe ist es, die Teamergebnisse zu präsentieren. Die Texterstellung ist schon Arbeit genug. Du stellst die Ergebnisse zusammen, überlegst dir eine Erzählstruktur und die dazu passende Präsentation. Und vielleicht stimmst du die fertige Präsentation noch mit einigen Teammitgliedern ab. Doch jetzt kommt der schwierige Part: Was willst du mit der Präsentation erreichen? Möchtest du dafür kämpfen, dass das Team in dieser Form weiterarbeiten kann? Möchtest du, dass das Budget für deinen Bereich erhöht wird?

Willst du dich für eine Beförderung ins rechte Licht rücken oder ist
dein Ziel, nie mehr mit diesem Team zusammenzuarbeiten?

Private Feiern

Das Jubiläum der Oma. Die Oma wird 80 und du wirst als Enkel gebeten, eine Lobrede zu halten. Was willst du vermitteln? Die Oma
ist die Beste und ich freue mich, dass es sie gibt, und überhaupt
wären wir alle ohne die Oma gar nicht hier. Was aber willst du erreichen? Möchtest du, dass sie beim Testament an dich denkt? Oder
möchtest du einfach für eine gute Stimmung sorgen und gucken,
dass sich niemand streitet. Aber vielleicht möchtest du erreichen,
dass die Familie sieht, was für ein toller Typ du bist? Oder gibt es
jemanden in der Runde, den du gerne beeindrucken möchtest? Oder
ist es vielleicht dein Ziel, dass alle endgültig verstehen, dass dich
nie wieder jemand bittet, eine Lobrede zu halten?

Wie du siehst, bewegen sich einige der Ziele in einem moralischen
Graugebiet. Die Frage „Was will ich erreichen?" ist nicht immer einfach zu beantworten, aber du solltest versuchen, sie so ehrlich wie
möglich zu betrachten. Wenn du dir nicht sicher bist, was du erreichen möchtest, dann kannst du die Frage auch umformulieren und
dich fragen: Was ist meine Mission? Manchmal hilft diese Umfor-
mulierung, aber meine Erfahrung zeigt mir, dass es oft die einfach
formulierten Fragen sind, die helfen, Gedanken zu präzisieren.

Beide Fragen sind elementar für die Erstellung und den Aufbau eines Textes. Je genauer du weißt, was die Kernaussage deines Vortrags ist und was du mit deinem Vortrag erreichen willst, um so
schneller bringst du deinen Text auf den Punkt. Und je schneller du
den Text unter Kontrolle bringst, um so mehr schneller kannst du
dich auf deine Performance und dein Publikum fokussieren.

Zwei Fragen, die dein Leben bei der Texterstellung und Konzipierung leichter machen: „Was will ich vermitteln?" und „Was will ich erreichen?". Die zweite Frage ist Teil deiner inneren Agenda. Du musst damit klarkommen und gegebenenfalls auch die Konsequenzen tragen – sei also ehrlich mit dir.

Die genaue Zieldefinition ist Grundlage von Konzeption und Texterstellung. Je mehr du deinen Inhalt auf den Punkt bringst, desto leichter wirst du später eine hochklassige Performance abliefern.

KAPITEL 7
Publikumsansprache

Der große Unterschied zwischen Schauspiel und Entertainment ist die direkte Kommunikation mit dem Publikum. Im Schauspiel bleibst du in deiner Rolle und wirst beobachtet. Im Entertainment sprichst du dein Publikum direkt an. So verhält es sich auch bei jedem Vortrag, Referat, Verkaufsgespräch, Produktpräsentation oder Comedyauftritt. Daher ist die richtige Publikumsansprache neben dem Content und den entsprechenden Performance-Skills die Grundlage für außergewöhnliche Auftritte und Vorträge.

Ich wollte dieses Thema zuerst dem Themenblock Performance zuordnen, habe mich dann aber für das Basiswissen entschieden, denn ich halte die Frage der richtigen Ansprache für so grundlegend, dass es zu spät ist, sich erst kurz vor einem Auftritt oder Vortrag damit auseinanderzusetzen.

Eine der häufigsten Fragen, die mir immer gestellt werden, lautet: Duzen oder Siezen? Wie du siehst, muss man sich diese Frage nicht nur bei Vorträgen, sondern auch bei dem Schreiben von Büchern stellen. Und wie du liest, sind wir in diesem Buch beim Du angekommen. Diese Entscheidung habe ich mir nicht leicht gemacht. Einerseits möchte ich grundlegende Erkenntnisse und Regeln beschreiben, andererseits möchte ich aber auch jede einzelne Person, die dieses Buch liest, direkt ansprechen, weil nur sie – also in unserem Fall du – die Erkenntnisse direkt umsetzen kann.

Die Frage der richtigen Ansprache ist oft schwieriger, als man denkt. Hör dir mal unterschiedliche Radiosender an. Achte in Nachrichtensendungen auf die Ansprache. Achte einmal auf deine Vorträge. Wie sprichst du wen bei einem Vortrag im Unternehmen oder an der Uni an? Siezt du die Professoren und duzt du deine Kommilitonen? Wie sieht das bei einer Kundenpräsentation aus? Gutes Beobachtungsmaterial sind TED-Talks. Du wirst schnell merken, dass die richtige Ansprache im Fall der deutschen Sprache nicht immer einfach ist.

Natürlich hat sich die Ansprachekultur, so will ich das der Einfachheit halber nennen, in den letzten Jahren in Deutschland stark gewandelt. Heute ist das Du viel normaler als noch vor einigen Jahren.

Doch je älter du wirst und je unterschiedlicher deine Einsatzfelder werden, umso genauer solltest du auf Ansprache und Form achten. Wie kannst du eine Nähe signalisieren, ohne anbiedernd zu werden? Wie kannst du einen formellen Abstand aufrechterhalten, ohne fremd und unnahbar zu wirken?

Die Wahl deiner Ansprache hat auch viel mit deiner Rolle zu tun, in der du auftrittst oder vorträgst. Bist du Künstler oder Künstlerin, dann ist das noch recht einfach. Du entscheidest dich für deine Art der Ansprache. Willst du als cooler Künstler mit hoher Street Credibility wahrgenommen werden, macht es wenig Sinn, dein Publikum zu siezen. Doch die Bandbreite ist größer, als man oft denkt. Du kannst dein Publikum höflich, provozierend, vertraut oder auch sehr formell ansprechen. Auch wenn du dein Publikum duzen möchtest, sollte dir klar sein, dass gerade zu Anfang deines Auftritts immer ein gewisser emotionaler Abstand zwischen dir und dem Publikum besteht. Du stehst auf der Bühne, bist bestenfalls der Star und wirst beobachtet und dein Publikum steht oder sitzt vor dir und hört dir zu und will dich kennenlernen. Manchmal muss man dem Publikum etwas Zeit geben und die Nähe langsam aufbauen. Künstler und Künstlerinnen nutzen nicht ohne Grund oft Phrasen wie: „Leute, geht's euch gut?" „Hey People, alles klar?" „Liebhaber der großen Kochkunst, ich begrüße euch." Oder nur: „Na ihr?!" Die Idee dahinter ist, dass du eine Gemeinsamkeit aufbaust, ohne direkt zu persönlich zu werden. So hast du Zeit, eine echte Bindung zu deinem Publikum aufzubauen.

Bist du Experte oder Expertin, sollte die Frage, wie du eine hohe Glaubwürdigkeit deiner Expertise vermittelst, Grundlage deiner Entscheidung sein. Natürlich willst du auch eine Bindung zu deinem Publikum herstellen, aber du solltest immer darauf achten, dass deine Glaubwürdigkeit nicht untergraben wird. Unter Comedykollegen machen wir uns immer ein wenig darüber lustig, dass wir oft für Events engagiert werden, um Menschen unterhaltend zu informieren oder zu motivieren. Wenn wir aber zu lustig sind, hören wir sofort die Frage, ob das denn auch stimmt, was wir sagen – es sei zu lustig.

Das Sie signalisiert in der deutschen Sprache Inhalt, Wissen und Ernsthaftigkeit.[1] Das heißt nicht, dass du an der Uni oder in deinem Unternehmen plötzlich alle siezen musst, aber es hilft schon, wenn du bei der Präsentation deiner Schlüsselbotschaften auf eine korrekte und eher formelle Sprache achtest.

Damit kommen wir zu den Dienstleistern und Dienstleisterinnen, sei es im Künstler-, Speaker- oder Moderationsumfeld. In diesen Fällen kommst du oft nicht daran vorbei, dich mit der jeweiligen Ansprachekultur zu arrangieren. Doch selbst wenn sich in einem Unternehmen alle Mitarbeiter und Mitarbeiterinnen duzen, bedeutet das nicht, dass auch du alle duzen musst. Du bist kein Mitarbeiter oder Mitarbeiterin, sondern ein externer Künstler oder Experte. Daher solltest du dich fragen, was ist meine Rolle? Du kannst ja auch als Künstler ein Dienstleister sein. Bist du als Künstler oder Künstlerin engagiert, dann solltest du an deinem Stil festhalten. Bist du Experte oder Expertin, dann wäre ich eher etwas formeller als zu jovial. Bist du Moderator oder Moderatorin, dann solltest du am ehesten deinen Stil an die jeweilige Kultur anpassen.

Es geht nicht darum, dass du dich jedes Mal verbiegen und komplett ändern sollst. Aber so wie du auch deine Freunde je nach Stimmung etwas anders ansprichst, solltest du auch Auftrittssituationen verstehen. Jede Auftritts- oder Vortragssituation ist anders. Frag dich im Vorfeld, welche Altersstruktur dein Publikum hat. Wie heterogen ist es zusammengestellt? Hast du einen hohen Männer- oder Frauenanteil? Besondere soziokulturelle Gruppen? Es geht um Nuancen. Als Moderator oder Moderatorin kannst du dich oft mit einer neutralen Ansprache wie „ihr, wir, man, euch" durchlavieren. Aber auch das schaffst du nur, wenn du es übst und das Problem überhaupt erkennst.

In jedem Fall solltest du jedoch auf eine Durchgängigkeit achten. Was ich oft beobachte, ist, dass man sich fürs Duzen entschieden hat, und plötzlich spricht man jemanden, den man für älter hält, mit einem klaren Sie an. Das ist meistens höflich gemeint, kann aber bei der angesprochenen Person schnell ein wenig unangenehm rüberkommen. Wenn alle geduzt werden und irgendjemand

wird plötzlich gesiezt, dann wird allen im Zuschauerraum unmiss-
verständlich mitgeteilt, da ist jemand alt. Wenn du nicht weißt, wie
du jemanden ansprechen sollst, zwinge dich, entweder deine Linie
durchzuziehen oder spreche die Person erst gar nicht an.

Neben dem Thema des Duzens und Siezens solltest du dich auch
einmal mit dem Thema Wording beschäftigen. Wenn du vor einer
Gruppe Jugendlicher auftrittst und sie mit den Worten „Meine sehr
geehrten Damen und Herren" empfängst, weiß jeder: Du hast dir
dein Publikum vorher nicht angesehen. Wenn du auf einem Kun-
denevent die Zuschauer begrüßt: „Na, ihr alten Säcke", dann wird es
entweder sehr schwer für dich oder du bist extrem cool und nutzt
den Schockmoment als bewussten Einstieg für deinen Vortrag.

Heutzutage wird das Thema Wording sofort mit Political Correctness in Verbindung gebracht. Doch die richtige Ansprache war
schon immer eine große Herausforderung. Lass dich von diesem
Thema nicht abschrecken. Natürlich ist es nicht einfach, nieman-
den „auf den Schlips" zu treten. (Überleg einmal, was allein dieser
Begriff für ein Weltbild beschreibt?!) Die Welt ändert sich und neue
Erkenntnisse führen dazu, dass wir Dinge anders machen sollten,
als wir sie vielleicht früher gemacht haben. Es ist sicherlich nicht
immer leicht, den Gedanken der Gleichberechtigung und Fairness
in einer Sprache auszudrücken, die so vielleicht gar nicht angelegt
worden ist. Aber genau das ist dein Job als Profi: Lösungen für
schwierige Situationen zu finden. Einer meiner all-time favorite
Tipps für Comedians lautet: Sei cleverer als der Stammtisch.

Natürlich kannst du nach wie vor alles sagen, was du willst. Du
solltest dir nur über die möglichen Konsequenzen Gedanken
machen und überlegen, wie du das, was du sagen möchtest, geschickt verpackst.

MERKE:

Die richtige Ansprache hilft dir, eine gute Mischung aus Glaubwürdigkeit und Publikumsnähe aufzubauen. Daher ist es wichtig, dass du dir im Vorfeld deine Rolle vor Augen führst und in einer Briefingsituation das Thema Ansprachekultur abfragst.

FAZIT:

Je mehr du deinen Publikumsgästen das Gefühl gibst, dass du genau weißt, wer sie sind, und du die richtige Nähe aufbaust und den richtigen Abstand einhältst, umso mehr fühlen sie sich wertgeschätzt, und umso größer ist die Chance, dass du bei ihnen echte Begeisterung auslöst.

KAPITEL 8 Eigen- vs. Fremdwahrnehmung

Lange habe ich mit mir gerungen, an welcher Stelle ich das Kapitel Eigen- vs. Fremdwahrnehmung einordne. Ich habe sogar überlegt, ob dieses Thema nicht den Rahmen der Stagehacks sprengt, denn die Beantwortung dieser Fragen ist die Grundlage der Themen Markenbildung, Personal Branding und Markenpositionierung. Da ich aber auf diese Fragen bei den aktuellen TV-Sendungen, die ich als Produzent leite, als auch in privaten Sessions immer wieder stoße, habe ich mich entschieden, einen knappen Überblick zu liefern.

Es geht in diesem Kapitel um die Fragen, wie wir uns selbst als Persönlichkeit sehen, wie wir gerne gesehen werden möchten und wie wir tatsächlich wahrgenommen werden. Und erfahrungsgemäß tun sich Menschen immer schwer, wenn sie ihr Ego und ihre Wunschvorstellungen mit der Realität abgleichen müssen. Das ist auch verständlich, woher wollen wir hundertprozentig wissen, wie wir gesehen und beurteilt werden? Wir können ja nicht in jeden einzelnen Kopf unserer Zuschauer blicken und auch Umfragen liegen nicht immer richtig. Und doch hilft erfahrungsgemäß schon ein einfacher Realitätscheck.

Ich hole noch einmal kurz aus. Insbesondere Künstler und Künstlerinnen aus der Musikwelt haben sich schon früh mit diesen Themen auseinandergesetzt. Denken wir nur einmal an die Generation der Boybands oder Bands aus der K-Pop-Welt. Hier ist man oft umgekehrt vorgegangen. Man hat die Zielgruppe, die definiert, die bespielt werden soll. Für diese Zielgruppe werden dann die Akteure mit ihren passenden Rollen festgelegt und dann werden, wie man es aus der Schauspielwelt kennt, Künstler und Künstlerinnen für diese Rollen gecastet, mit dem Ziel, dass die Akteure die gewünschte Fremdwahrnehmung erfüllen.

Jetzt kannst du fragen, was hat dieser Vorgang mit meiner Vortragsarbeit zu tun? Nun, das Ziel sollte dasselbe sein. Dein Ziel sollte immer sein, eine hohe Glaubwürdigkeit zwischen dem, was du sagst und wie du wahrgenommen wirst, herzustellen.

Vereinfacht ausgedrückt könnte man Glaubwürdigkeit mit der Frage beschreiben: Glaube ich der Botschaft der jeweiligen Person? Und eine hohe Glaubwürdigkeit sollte auch ein Ziel für deine Arbeit sein.

Das, was du sagst, und wie es bei den Zuschauern ankommt und gesehen wird, sollte möglichst deckungsgleich sein. Einhundertprozentig wirst du dies nie schaffen und ich möchte sagen zum Glück, denn in den meisten Fällen sehen Zuschauer viel mehr, als du geplant hast. Gleichwohl solltest du dir nicht nur überlegen, wie du wirken willst, sondern auch, wie du tatsächlich gesehen und wahrgenommen wirst. Betrachten wir zum besseren Verständnis einmal die drei Rollenbilder.

Bist du Experte oder Expertin, solltest du möglichst darauf achten, dass du deinen Experten-Status in deinem Vortrag oder deiner Arbeit verfestigt. Wenn du etwas vermitteln möchtest, sollten die Zuschauer dir glauben, dass du weißt, wovon du redest. Ob du ein netter Mensch bist, ist zuerst einmal zweitrangig. Natürlich hilft es dir langfristig, dass wenn du gerne vorträgst oder unterrichtest, man dir dies auch ansieht.

Bist du Dienstleister oder Dienstleisterin, zeigt dir oft die Art der Anfrage schon, wie du von deinen Auftraggebern wahrgenommen wirst. Suchen sie nahbare Menschen oder Personen, die eine hohe Fachkompetenz ausstrahlen? Oder brauchen sie jemanden mit hohen Motivations- oder Unterhaltungsfähigkeiten? Du kannst davon ausgehen, dass sie eine Rolle besetzen wollen und dir diese Fähigkeiten bzw. die entsprechende Wahrnehmung zusprechen. Bei solchen Engagements kann ich dir nur raten, während deiner Briefinggespräche genau zuzuhören.

Bei Künstler und Künstlerinnen wird es jetzt noch etwas spannender. Erfahrungsgemäß machen sich Künstler und Künstlerinnen super viele Gedanken, wie sie wirken und wie sie aussehen. Am Thema des Aussehens kann ich diese Herausforderung recht genau erklären. Viele Profis arbeiten häufig mit dem Thema des Aussehens und der Körpergröße. Erstaunlicherweise geht aber diese Eigenwahrnehmung mit der Fremdwahrnehmung nicht immer konform.

Ich kenne Künstler, deren ganzer Anfangspart darauf basiert, wie sie aussehen: „Ich weiß, was ihr denkt, schön ist anders" oder „Ich bin so unglaublich groß" oder „Ich bin so dick". Grundsätzlich ist es immer ein guter Trick, sich ein wenig über sich selbst lustig zu machen. Aber manchmal geht diese Prämisse einfach nicht auf, denn uns erscheint die Person gar nicht als so groß oder so dick. Insbesondere wenn du alleine auf einer Bühne ohne Vergleichsmöglichkeiten stehst, ist Größe nicht immer gut einzuschätzen. Und dick? Das ist ohnehin ein schweres Thema. Erstens, was ist dick, und zweitens ziehen wir uns meistens so an, dass es gar nicht so sehr auffällt. Und wenn die Eigen- und Fremdwahrnehmung nicht übereinstimmen, geht plötzlich die ganze Prämisse deiner Nummer nicht mehr auf.

Auch der fortschreitende Erfolg beeinflusst die Grundlage deiner Rolle und wie du wahrgenommen wirst. Du erzählst, wie schwer dein Leben ist, und dass du nichts auf die Reihe bekommst und trittst dann aber vor mehreren Tausend Zuschauern auf. In diesem Fall solltest du immer wieder deine Grundbotschaft anpassen, denn wer vor Tausenden von Zuschauern spielt, kann doch kein Loser sein.

Und noch ein abschließendes Beispiel aus der Praxis, welches auf alle Rollenbilder zutrifft. Es gibt Menschen, denen siehst du ihre Nervosität selten an. Wenn du so jemand bist, doch ständig darüber redest, sowohl auf als auch hinter der Bühne, dann kann es vorkommen, dass dies als ein „fishing für compliments" verstanden wird. Es spielt keine Rolle, ob du nervös bist – wenn es niemand sieht, ist es schwer, dieses Thema glaubhaft anzusprechen.

Das heißt, du solltest nicht nur überlegen, wie du wirken möchtest, sondern immer wieder deine Eigenwahrnehmung hinterfragen. Hör zu, wenn du mit Menschen sprichst. Wie sehen die dich? Was sind deine Features und Talente, die die anderen am häufigsten ansprechen? Überprüfe anhand von Videoaufnahmen deine Eigenbildwahrnehmung. Das ist keine einfache Arbeit und braucht auch etwas Mut und Überwindung, aber es schult deine Beobachtungsgabe und hilft dir bei dem extrem wichtigen Fokussierungswechsel „Weg-von-dir-hin-zum-Publikum".

Natürlich kannst du dir auch externe Hilfe von Schauspielcoaches oder Regisseuren holen. Aber auch dann solltest du zumindest bereit sein, eine möglicherweise andere Meinung anzuhören.

Wie du dich selbst siehst und wie du vom Publikum wahrgenommen wirst, ist erfahrungsgemäß nicht immer hundertprozentig deckungsgleich. Eine nur geringfügig höhere Sensibilität kann dir schon helfen, besser zu verstehen, warum dein Publikum manchmal anders reagiert, als du es erwartet hast.

Eine hohe Glaubwürdigkeit und das Spiel mit Erwartungen sind wichtige Fähigkeiten, dein Publikum zu fesseln und in deinen Bann zu ziehen. Doch dafür ist es elementar, dass du dich mit der Frage beschäftigst, wie sich Eigen- und Fremdwahrnehmung möglichst decken.

KAPITEL 9 Auftrittsstile

Wer kennt nicht solche Diskussionen: „Leider muss ich recht viele Daten präsentieren, und ich höre immer wieder, dass man viel professioneller rüberkommt, wenn man ohne PowerPoint arbeitet. Ich kann mir aber nicht so viele Zahlen merken. Was soll ich machen?" Oder: „Ich muss demnächst vor 500 Menschen sprechen und es ist enorm wichtig, dass ich die überzeuge. Was ist der perfekte Auftrittsstil?"

Natürlich sollte dein Ziel sein, so frei wie möglich zu sprechen, denn nur so kannst du dich voll auf Inhalt und Publikum konzentrieren. Ich würde immer versuchen, direkte Ansprachen wie Begrüßungen, Mitarbeiteransprachen, Motivationsansprachen oder auch Verkaufsgespräche frei zu führen. Wenn du als professioneller Comedian oder professionelle Comedienne deine eigene Stand-up-Show spielst und ständig auf irgendwelche Blätter mit Texten schaust, nennt man das entweder Vorpremiere oder eine suboptimale Vorstellung. Freies Reden ist kein besonderes Talent. Es ist letztendlich Fleißarbeit und eine Frage der Wiederholung. Wenn man sich genügend Zeit zum Lernen gibt, wird man seinen Text schon auswendig lernen. Im zweiten Themenblock beschäftige ich mich noch detaillierter mit dem Thema Probe und zeige dir, wie du auch die richtige Probenarbeit erlernen kannst.

Natürlich gibt es Auftritts- und Vortragssituationen, wo das Ablesen vollkommen angebracht ist, zum Beispiel – wie der Name es schon vermuten lässt – bei Lesungen. Doch selbst bei Lesungen solltest du den Text im Vorfeld dramaturgisch auf- und vorbereitet haben und wissen, was du gerade erzählst und wohin die erzählerische Reise geht, ohne dafür auf den Text schauen zu müssen.

Des Weiteren gibt es Situationen, in denen dir nur wenig Zeit zur Vorbereitung zur Verfügung steht. Dann kommst du am Ablesen nicht vorbei. Bestes Beispiel sind die täglichen Nachrichten. Wir erwarten, dass Moderatoren und Moderatorinnen die ständig wechselnden Nachrichten frei und souverän vortragen. Früher waren sie Stars des abgelesenen Wortes. Beeindruckend, wie sie immer wieder von ihren Karten hochschauten und Passagen – und zwar die entscheidenden Botschaften – frei vortrugen. Aber natürlich haben auch sie ihre Texte vorher zwei- bis dreimal gelesen oder zum Teil sogar selbst angepasst. Heute kann man dank Teleprompter, einer Möglichkeit, den Text vor der Kameralinse ablaufen zu lassen, Texte ablesen, ohne auf Karten zu schauen. Aber auch das muss geübt werden. Denn bei unerfahrenen Ablesern sieht man deutlich, wie die Augen den Zeilen folgen.

Zum Thema PowerPoint kann ich nur sagen, wenn du Zahlen präsentieren musst, dann kann dir PowerPoint das Präsentieren und den Zuschauern das Zuhören erleichtern. Anstatt die Frage zu stellen, ob du mit oder ohne Präsentation arbeiten möchtest, solltest du dich fragen, welche Zahlen du wirklich präsentieren musst, und wie du die Anzahl der Charts reduzieren könntest. Im Folgenden habe ich einen Überblick über die verschiedenen Auftrittsstile mit Schwerpunkt auf das gesprochene Wort für dich zusammengestellt.

Die freie Rede

Der oder die Vortragende begrüßt und redet ohne Karten oder Textblätter mit Menschen. Wir halten dies oft für die Königsdisziplin. Doch es gibt genügend Situationen, wie Pressemitteilungen, insbesondere zu tragischen Ereignissen, oder einmalige Ansprachen, in denen du am Ablesen nicht vorbeikommst. Aber auch wenn du eine Rede abliest, solltest du in der Lage sein, eine freie Begrüßung und Verabschiedung zu halten. Niemand sollte „Guten Abend" oder „Ich freue mich heute hier zu sein" ablesen. Letztendlich ist das freie Reden die Grundvoraussetzung für das Training aller weiteren Performancetechniken. Wenn du nicht bereit bist, zumindest einen einzigen Text auswendig zu lernen, wird es dir schwerfallen Fähigkeiten wie Gestik, Mimik, Körperhaltung, Betonung oder sogar Timing zu trainieren.

Die abgelesene Rede

Der Text, den man vortragen möchte, wird vorher aufschrieben und anschließend abgelesen. Diese Art der Rede wird häufig bei formellen Anlässen wie politischen Veranstaltungen oder Vorträgen verwendet, um sicherzustellen, dass alle wichtigen Punkte und Informationen präzise und in der richtigen Reihenfolge vorgetragen werden. Du solltest dir klarmachen, dass du auch das Lesen als eigenes Stilmittel einsetzen kannst. Beispiele sind Lesungen oder Poetry-Slam-Veranstaltungen. Ebenfalls können gelesene Parts in Vorträge und Auftritte eingearbeitet werden. Doch auch wenn die freie Rede oft als schwerer angesehen wird als das Lesen, sollte auch Lesen gelernt und geprobt werden. Schlecht abzulesen ist schlimmer als nach Worten zu suchen.

Wenn du eine Rede vorlesen musst, lies sie bitte im Vorfeld mehrmals durch. Versuche, ein Gefühl für Inhalt und Dramaturgie zu erhalten. Überlege, wo eine klare direkte Ansprache sinnvoll wäre, und wie du diese Schlüsselbotschaften mit entsprechenden Pausen und einem direkten Augenkontakt verstärken kannst. Mach dir Notizen. Frage dich, ob du nicht zumindest die Begrüßung und Verabschiedung frei halten könntest. Falls du mit Moderationskarten arbeiten möchtest, frage dich, ob du ganze Textpassagen oder nur Stichpunkte aufschreibst. Meine Erfahrung zeigt, dass wenn du Karten in der Hand hältst, du sie auch permanent nutzt. Reine Stichpunkt helfen dir, den inhaltlichen Faden beizubehalten, zwingen dich aber, den Text besser zu lernen. Parts, die man gut ablesen und daher auch notieren kann, sind Zitate und Fakten.

Um deine Lesefähigkeiten zu trainieren, hilft es, wenn du hin und wieder ein Buch (oder ein E-Book) zur Hand nimmst und unterschiedliche Texte laut vorliest und aufnimmst. Das ist das einfachste Bühnentraining.

Geführte Interviews

Bei einem geführten (Bühnen-)Interview – nicht zu verwechseln mit geführten Interviews der Marktforschung – führt der Interviewer ein Gespräch mit dem Interviewten, um ihm die Möglichkeit zu geben, seine Ideen und Meinungen in einer strukturierten Form zu präsentieren. Der Interviewer stellt gezielte und vorbereitete Fragen, um das Gespräch in eine bestimmte Richtung zu lenken und die Aussagen des Interviewten zu vertiefen.

Geführte Interviews helfen dir, komplizierte Botschaften frei zu präsentieren. Denn erfahrungsgemäß kannst du Themen viel entspannter präsentieren, wenn du anhand von vorbereiteten Fragen durch deine

Präsentation geleitet wirst. Anstatt 15 Minuten zu einem schwierigen Thema frei zu reden, gehst du von Frage zu Frage. Das hat den Vorteil, dass du viel vorbereiten und den Interviewer quasi als lebende Moderationskarte nutzen kannst.

Mit oder ohne Präsentation

Viele Vorträge sind auf Wissensvermittlung ausgelegt und Daten und Fakten sind schließlich Grundlage von Wissen. Aber du solltest dir einmal Vor- und Nachteile von Präsentationen vor Augen führen, um so ein besseres Feintuning vornehmen zu können. Präsentationen bieten die Möglichkeit, visuelle Elemente wie Diagramme, Grafiken und Bilder einzubinden, die das Verständnis der Zuhörer verbessern und den Vortrag interessanter gestalten. Sie helfen, den Vortrag zu strukturieren, und sie können später als Video oder PDF zur Verfügung gestellt werden. Auf der anderen Seite entsteht eine hohe Abhängigkeit von vielen technischen Geräten. Wenn etwas schiefgeht, kann es zu Unterbrechungen oder sogar zum Ausfall der Präsentation führen. Viele Folien mit einem Übermaß an Texten und Zahlen lassen den Vortrag schnell monoton und langweilig werden. Und es besteht ein Risiko der Ablenkung: Wenn du während der Präsentation zu sehr auf die Folien schaust, besteht die Gefahr, dass du den Kontakt zu den Zuhörern verlierst, und sie sich ablenken lassen.
Wenn du mit Präsentationen arbeitest, solltest du dich unbedingt mit der Frage „Was will ich erreichen?" auseinandersetzen. Was hilft mir mehr? Alle mir zur Verfügung stehenden Daten zu präsentieren oder reichen Keyfacts? Kann ich nicht eher auf einige unterhaltende und motivierende Bilder zurückgreifen, als eine Vollständigkeit zu gewährleisten? Kann die Präsentation nicht vielleicht als ein Gesprächsimpuls aufgefasst werden? Sollte sie dann nicht vielleicht kürzer gehalten und als Grundlage von weiterführenden kommunikativen Arbeitsgesprächen verstanden werden?

Eine alte Bühnenweisheit besagt: Schick dein Publikum hungrig nach Hause, dann wollen sie mehr von dir. Diesen bewährten Ansatz kann man fast immer auf Präsentationen anwenden. Und ich weiß aus meiner Erfahrung als Produzent und Regisseur, wie sehr man Texte und Präsentationen kürzen kann, ohne die Qualität zu beschädigen.

Tonalität

Die Wahl der Tonalität, also wie humorvoll, motivierend oder faktenorientiert der Vortrag sein sollte, obliegt dir und sollte sich immer an deinen Fähigkeiten und Zielen ausrichten. Ziel ist es, auf Grundlage einer hohen Glaubwürdigkeit dein Publikum zu unterhalten oder zu überzeugen. Letztendlich gehen wir mit dieser Frage schon in das Themengebiet der Dramaturgie und Regie.

Humor

Aufgrund meines Comedy-Backgrounds kommen oft Kunden mit dem Wunsch auf mich zu, ihre Auftritte humorvoller zu gestalten: „Haben Sie nicht einen Witz, der meine Zuschauer sofort zum Lachen bringt?" Zu diesem Thema wird das nächste Buch erscheinen. Daher an dieser Stelle nur drei wesentliche Kernaussagen:

Erstens: Humor ist ein Tool und kein Selbstzweck. Das heißt, wenn es dein Ziel ist, die Zuschauer zum Lachen zu bringen, dann solltest du Comedian oder Comedienne werden.

Zweitens: Witze braucht auf der Bühne sowieso niemand. Meine Meinung dazu: Witze gehören an die Bar, die Bühne braucht Storys. Auch schon vor den Zeiten der Political Correctness haben Witze mehr Imageschaden angerichtet als geholfen. Heute läuft alles unter dem Begriff Storytelling, doch auch wenn das Wort modern klingt, ist diese Art des Vortragens einer der ältesten Kommunikationsformen.

Drittens: Denk publikumsorientiert. Sei nett und freundlich und kümmere dich um dein Publikum. Das ist die Grundlage eines humorvollen Stils.

Kurz zusammengefasst:

Auch bei der Wahl der Auftrittsstile solltest du dir immer die zwei bekannten Fragen stellen: Was willst du vermitteln und was erreichen? Was passt zu der Veranstaltung, was hilft dir? Gemäß dieser Antworten solltest du dann die Auftrittsstile unter Grundlage der jeweiligen Rahmenbedingungen festlegen und die entsprechenden Präsentationsformen anpassen. Wenn du weißt, was du willst, dann kannst du frei reden, dann kannst du ablesen, dann kannst du die Stile mixen und dann kannst du sogar ein Hologramm neben dich stellen.

Freies Reden ist eine Frage des Übens. Es gibt nicht den einen „richtigen Stil". Ich kann die Formen beliebig mixen: zuerst frei reden, dann ablesen, zusätzlich noch eine PowerPoint-Präsentation einfügen und sogar Hologramme neben mich stellen.

Jeder Stil ist nichts anderes als ein mögliches Tool für die jeweilige Situation. Du solltest im Vorfeld recherchieren, wie die Rahmenbedingungen aussehen und was genau du vermitteln und erreichen möchtest. Und jetzt solltest du überlegen, welcher Stil dir hilft, um deine Ziele bestmöglich umzusetzen.

KAPITEL 10 Ton

In den nächsten Kapiteln beschäftige ich mich mit den technischen Rahmenbedingungen von Auftritts- und Vortragssituationen. Beginnen möchte ich mit dem Thema Ton.

Einer der größten Stress- und Fehlerquellen bei jeder Form von Auftritt und Präsentation ist das Thema Ton. Viele Fehler kannst du überspielen, aber wenn der Ton nicht funktioniert oder du nicht weißt, wie man richtig mit dem Mikro umgehen sollst, merkt das jeder. Ich kenne Menschen, die seit vielen Jahren Vorträge und Reden halten und doch immer wieder am Ton verzweifeln. Ich kann das sogar verstehen, denn dieses Thema wird oft als für so selbstverständlich angesehen, dass dir niemand die Grundlagen erklärt und wir oft auch nicht nachfragen. Klar, wenn du zu Beginn nicht nachgefragt hast, wie denn das mit den Mikrofonen und dem Ton so richtig funktioniert, dann wird ein späteres Nachfragen mit jedem Auftritt immer peinlicher. Also lässt du es so weiterlaufen wie bisher. Aber, und das ist die gute Nachricht, Ton- und Mikrofonarbeit kannst du ganz schnell verstehen und lernen. Und – du kannst erlernen, wie du einen Soundcheck für mehr nutzen kannst als nur für eine Tonprobe.

Normalerweise brauche ich nicht länger als 30 Minuten, um bei einer Trainingssession die Grundlagen, Einsatzmöglichkeiten und Fehlerquellen aufzuzeigen. Selbst damals bei *NightWash*-Aufzeichnungen habe ich immer wieder die Themen Ton und Mikro besprochen. Das war nicht immer ganz einfach, denn du wolltest in diesem Umfeld ja nicht belehrend rüberkommen. Ich hatte die „neuen Gesichter" ja als „Acts" gebucht und nicht sie mich als Coach. Aber wenn dich niemand hört, wird auch niemand lachen. Allein die richtige Haltung des Mikros ist Teil deiner Bühnenpersönlichkeit. Natürlich sieht es cool aus, wenn du das Mikro locker vor deiner Brust hältst. Ist das Mikro aber zu weit weg, funktioniert es nicht. Hältst du es aber zu hoch, sieht keiner dein Gesicht und Gestik.

Gehen wir mal systematisch an das Thema. Erste Frage: Brauche ich ein Mikrofon oder nicht? Ohne Mikrofon zu arbeiten hat den großen Vorteil, dass du dich nicht mit all diesen lästigen Technikfragen beschäftigen musst. Der Nachteil ist, dass man dich zum Teil schlichtweg nicht hört. Und genau dies können wir nicht immer selbst richtig einschätzen. Oft tendieren wir dazu, ohne Mikrofon zu arbeiten, weil es einfacher ist. Du hörst dich ja deutlich und die Menschen, die direkt vor dir sitzen, hören dich anscheinend auch. Die kannst du erkennen. Du solltest dich aber fragen, wie gut dich die Menschen hören, die weiter hinten sitzen und die du möglicherweise gar nicht siehst. Hören die dich wirklich gut?

Damit sind wir bei einem Grundproblem des Tons, denn du kannst von deinem Auftrittsort aus nicht wirklich beurteilen, wie die Zuschauer „ihren Ton" wahrnehmen. Mir sagte mal jemand: „War doch gut ohne Mikro. Ich habe ja auch eine laute Stimme. Die haben alle zugehört." Stimmt, alle, die dageblieben sind, haben zugehört. Das waren etwa 30 Personen. Aber circa 60 Personen sind gegangen, weil sie den Redner nicht richtig verstanden haben. 60 potenzielle Kunden oder Fans, die gegangen sind, weil er seine Fähigkeiten und den Raum falsch eingeschätzt hat und – wie ich später erfahren habe – er sich mit der Mikrofonarbeit aus Unwissenheit unwohl gefühlt hat.

Die Entscheidung, ob du mit oder ohne Mikro arbeitest, solltest du im Vorfeld der Veranstaltung treffen. Wenn es möglich ist, würde ich immer mit Mikrofon arbeiten. Nicht nur, dass du dann auf der der sicheren Seite stehst, zusätzlich signalisiert der Einsatz von Mikros, dass hier professionell und seriös gearbeitet wird. Das Mikro wieder wegzulegen geht schneller, als nachträglich eine Tonanlage zu buchen und aufzubauen.

ABER –

wenn du dich für den Einsatz von Tonanlage und Mikro entschieden hast, dann zieh es auch bitte durch. Das Thema der Durchgängigkeit des Mikrofoneinsatzes solltest du dir unbedingt vor Augen führen. Ich finde es immer schwierig, wenn einige Personen mit und andere ohne Mikrofon reden. Das ist eine Situation, die ich häufig beobachten durfte. Man hat sich im Vorfeld der Veranstaltung für den Einsatz einer Tonanlage mit den entsprechenden Mikrofonen entschieden. Doch irgendwann kommt jemand auf die Bühne und verkündet: „Ich brauche kein Mikro." Es kann ja sein, dass er oder sie (aber es sind häufiger Männer…) den Raum auch ohne Mikro beschallen kann. Mach es bitte nicht. Du überschätzt dich diesbezüglich sehr schnell und dann wunderst du dich im Laufe der Rede, dass du nicht die Reaktionen erhältst, wie du es dir vorgestellt hast. Warum? Wenn man dich im hinteren Bereich nicht hören kann, werden Zuschauer schnell unruhig und das überträgt sich nach und nach auf die nächsten Zuschauerreihen. Und wenn du zu leise bist und man dir zuhören will, klatscht und lacht man nicht, weil man ja nichts verpassen möchte.

Aber auch im Innenverhältnis zur Veranstaltungscrew und anderen Vortragenden kann diese Entscheidung schnell dazu führen, dass du als arrogant wahrgenommen wirst. Denn die Botschaft deiner Entscheidung kann man auch wie folgt interpretieren: „Da haben die Veranstalter wohl mit mehr Teilnehmern gerechnet und groß Technik aufgefahren. Die sind anscheinend nicht da." Und außerdem sagst du: „Ich habe im Gegensatz zu den anderen Gästen eine ausgebildete Stimme und ich brauche nicht wie DIE ein Mikro." Am Ende ist es jedoch deine Entscheidung, erinnere dich nur immer an die Frage „Was will ich erreichen?" Alles, auch die Entscheidung mit oder ohne Mikrofon aufzutreten, ist Botschaft.

Abgesehen von einem durchgängigen Präsentationstil sorgt der Einsatz eines Mikrofons dafür, dass du entspannter reden und deinen Vortrag gleichzeitig dynamischer gestalten kannst. Deswegen: Nicht nervös werden. Wenn ein Mikro da ist, benutz es. So baust du Erfahrung für die nächsten Vorträge auf.

Tonwelten

Wenn du schon bei kleinen Seminarräumen schwer einschätzen kannst, wie sich der Ton in den hinteren Bereichen anhört, dann kannst du dir vorstellen, dass diese Einschätzung bei größeren Räumen nicht einfacher wird.

Hier eine beispielhafte Situation, die ich oft beobachtet habe: Soundcheck. Jemand geht auf die Bühne. Spricht in sein Mikro und sagt nach kurzer Zeit, das ist aber ein schlechter Ton. Sofort ruft jemand von der Technik zurück: „Ne, Ton ist im Saal super." Und dann sehe ich in den Gesichtern der Vortragenden ein großes Unverständnis. Ich kann quasi ihre Gedanken lesen: „Hat die Technik was an den Ohren? Das klingt doch schrecklich." Meistens haben in solchen Fällen beide Parteien recht. Denn bei größeren Veranstaltungen gibt es zwei Tonwelten, die unterschiedlich klingen und sogar unterschiedlich abgemischt werden. Den Saal- und den Bühnen- oder Monitorsound. Und meistens sprechen beide Parteien über die „ihre" Tonwelt.

Der Saalsound ist der Ton, den die Zuschauer hören. Er wird über die Boxen, die an der Seite der Bühne stehen oder an der Decke hängen, abgestrahlt. Doch genau diesen für den Saal abgemischten Ton hörst du aber nicht auf der Bühne. Was du hörst, ist der Ton, der von dem Ende des Raums wieder zu dir zurückschallt. Und auf Grund des langen Weges und der Eigenschaft des Schalls kommt oft kein klarer Sound, sondern eher ein unverständlicher Tonbrei an. Daher gibt es bei größeren Veranstaltungen zusätzlich zum Saalton den Bühnensound, auch Monitorsound genannt. Den hörst du über kleine Boxen, die am Bühnenrand stehen oder an der Seite der Bühne zur Spielfläche ausgerichtet hängen.

Bei größeren Produktionen, vor allem Musikproduktionen, wird jede Tonlinie (Saal- und Bühnenton) von eigenen Technikern gemixt. Bei Musikproduktionen ist der Monitorton enorm wichtig. Gerade wenn du singst, willst du die Gitarre oder das Keyboard hören können und nicht nur das Schlagzeug. Wenn du aber nur mit Sprache arbeitest, würde ich mit dem Monitorsound sehr vorsichtig umgehen, denn wie ich schon häufig angemerkt habe, leben Vorträge und Sprachauftritte stark von der Kommunikation mit dem Publikum. Je lauter der Monitorsound, umso weniger bekommst du die Reaktionen des Publikums mit. Jetzt musst du entscheiden. Was ist dir wichtiger: die Chance, gut mit dem Publikum zu agieren oder deine eigene Stimme deutlich zu hören? Ehrlich gesagt, musst du das von Fall zu klären. Meine Grundregel lautet: Nur so viel Monitorsound wie unbedingt nötig. Ich möchte Zuschauer und Reaktionen hören.

Warum erzähle ich das? Damit du, wenn du mal vor größerem Publikum auftrittst, nicht noch nervöser wirst. Falls der Sound dir nicht gefällt, sprich das erst einmal höflich an. Manchmal braucht die Technik auch 2-3 Minuten, bis sie den richtigen Ton abgemischt hat. Du kannst auch in den Saal gehen und dir den Sound dort anhören (Vorteil des Sendermikros). Oder hör dir zumindest die anderen Vortragenden an. Vertrau darauf, dass ein Raum, der mit Menschen besetzt ist, später immer besser klingen wird als ein leerer Raum. Und frag eventuell die Technik, ob es einen Monitorsound gibt. Zumindest halten dich die Tontechniker dann schon mal für einen Profi. Ist doch auch etwas ...

Auswahl des Mikrofons

Abschließend noch die Frage: Welches Mikrofon nehme ich? Grundsätzlich haben wir drei verschiedene Arten von Mikrofonen.

Das Handmikrofon

Das Handmikrofon hat den Vorteil, dass der Umgang mit ihm am einfachsten von der Technikseite zu händeln ist und du den Umgang mit einem Kuli als Ersatzmikrofon zu Hause jederzeit üben kannst.
Wie soll ich es richtig halten? Da das Mikrofon deine Stimme verstärken soll, ist es wichtig, dass du das Mikrofon nahe an die „Tonquelle", also deinen Mund bringst. Es nutzt nichts, wenn du das Mikrofon in die Höhe des Nabels hältst. Versuch eine Position zu

finden, bei der die Kapsel des Mikros auf deinen Mund gerichtet ist, ohne dabei das Gesicht zu verdecken. Jetzt noch zu der Frage: Sender oder Kabel-Mikro? Heutzutage ist das häufig eine Stilfrage. Insbesondere Stand-up-Comedians bevorzugen oft Kabelmikros, weil es cooler aussieht und sie Funkaussetzer vermeiden wollen. Du solltest zumindest einmal den Namen Shure SM 58 gehört haben. Das ist das Arbeitspferd unter den Mikros. Arbeitest du aber nicht so oft mit dem Mikro, dann würde ich dir immer zu einem Sendermikrofon raten, denn der Umgang mit dem Kabel ist eine nicht zu unterschätzende Gefahrenquelle. Grundsätzlich übermittelt das Handmikro den besten Ton. Das hat schon physikalische Gründe, denn die Membran/Kapsel ist größer als bei allen anderen Mikros. Natürlich musst du es selbst in der Hand halten und die Haltung kontrollieren. Natürlich ist das nicht einfach, wenn du auch noch Karten oder einen Presenter in der Hand halten musst. Aber das lernst du schneller, als du glaubst. Und das Handmikrofon hat noch einen nicht zu unterschätzenden Vorteil: Du musst dir weniger Gedanken machen, was du mit deinen Händen machen sollst – eine Hand hält ja schon mal ein Mikro.

Das Headset

Ein Headset ist ein Mikrofon, das in der Regel mit einem Bügel auf dem Kopf getragen wird und direkt neben dem Mund platziert ist. Es wird hauptsächlich bei Bühnenauftritten verwendet, um die Stimme des Redners zu übertragen. Alle sagen: Ich hätte gerne ein Headset, weil ich dann die Hände frei habe und ich mit meinen Karten besser hantieren kann. Du solltest aber auch wissen, dass ein Headset nicht immer bequem ist und auch nicht immer schön aussieht. Mal hast du Glück und du erhältst ein dezentes Headset, das kaum zu sehen ist, und dann wiederum hast du einen runden Klumpen vor dem Gesicht. Die Tonqualität des Headsets ist etwas schlechter als die eines Handmikrofons und es ist damit schwieriger, einen guten Bühnenton (Monitorsound) zu liefern, da es bei Headsets aufgrund der physikalischen Eigenschaft der Tonkapsel schneller zu Feedbacks (schriller Ton) kommen kann. Und – das wird auch gerne mal vergessen – du kannst es auf der Bühne nicht einfach zur Seite legen und ungestört persönliche Fragen stellen. Nichtdestotrotz ist es für viele Einsätze das passende Mikro. In diesem Fall solltest du dir aber immer Zeit für das korrekte Aufsetzen und einen kurzen Soundcheck einplanen.

Lavalier-Mikrofon/ Ansteck-Mikrofon

Oft der Wunsch: „Kann ich nicht so ein kleines Mikrofon haben, wie die im Fernsehen?" Natürlich sehen diese kleinen Mikrofone, Lavalier- oder Ansteck-Mikrofon genannt, unauffällig und cool aus. Doch Lavalier-Mikrofone sind sehr, sehr empfindlich und in großen Räumen nicht immer einsetzbar. Meistens benutzt man sie für Videoaufnahmen und in Studio-Situation. Bei diesen Aufzeichnungen steht dann oft auch eine große Tontechnik mit dem entsprechenden Personal zur Verfügung. Wo Lavalier-Mikrofone auf Bühnen gerne eingesetzt werden, ist in Talksituationen. Hast du eine Jacke, dann achte darauf, wo du sitzt und auf welcher Seite der Jacke das Mikrofon angebracht wird. Denn es kann schon einen Unterschied ausmachen, ob du zum Mikro oder vom Mikro weg sprichst.

Rednerpult-Mikro

Rednerpult-Mikros sind in der Regel Richtmikrofone. Sie sind, wie der Name es vermuten lässt, sehr richtungsorientiert. Wenn sie in Richtung deines Mundes gerichtet sind, dann funktionieren sie auch mit einigem Abstand. Das heißt, du musst dich nicht tief zu ihnen hinunter beugen, aber solltest versuchen, den Abstand ungefähr einzuhalten. Das kann dann eine Rolle spielen, wenn du dich für die freigesprochenen Parts aufrichtest und für die abgelesenen Parts zum Pult hin beugst. Wenn es eine Chance gibt, dass du das Mikrofon im Vorfeld einmal ausprobieren kannst, trau dich und teste die Situation kurz aus. Je nachdem wie groß du bist, solltest du checken, ob das Mikro vom Vorredner oder Rednerin nicht zu hoch oder tief eingestellt ist. Das Mikro sollte nicht dein Gesicht abdecken. Falls du nicht so groß bist, würde ich fragen, ob es nicht eine kleine Erhöhung für dich gibt. Besser einmal zu viel als zu wenig fragen.

Soundcheck

Zum Abschluss des Kapitels Ton gibt es noch einen Soundcheck. Der Soundcheck ist für mich der Inbegriff der professionellen Arbeit. Es ist für mich immer noch ein magischer Moment, zum ersten Mal auf eine größere Bühne treten zu dürfen und zu beobachten, wie die „Profis" arbeiten und wie eine Bühne ohne Licht und Requisiten aussieht. Und tatsächlich ist ein Soundcheck mehr als nur eine Tonprobe, denn hier werden viele Weichen für eine erfolgreiche Veranstaltung gestellt. Handelt es sich um eine Großveranstaltung, dann solltest du natürlich den Ton überprüfen, aber daneben kannst du den Soundcheck noch für so viel mehr nutzen. Wenn du das Wort Soundcheck mit dem Begriff Erstbegehung austauschst, erkennst du vielleicht, dass du den Soundcheck (Erstbegehung) für jede Veranstaltung nutzen kannst. Der Moment des Soundchecks bietet dir neben der eigentlichen Tonprobe die Gelegenheit zu einem ersten Kontakt mit allen Beteiligten und gibt dir die Chance, die Bühnenlogistik zu verstehen. Wo gehst du auf, wo gehst du ab, wo ist der Sweetspot, wo setzt du dich wieder hin? Auf welcher Seite steht zum Beispiel der Stehtisch? Wo liegt der Presenter? Gibt es eine Referentenansicht? Zusätzlich kannst du dich mit der Lichtsituation vertraut machen. Und selbst wenn keine Tontechnik aufgebaut ist, sollte man dieses erste Kennenlernen nutzen.
Jetzt gibt es natürlich nicht immer die Chance für einen Soundcheck. Ich kenne auch im professionellen Bühnenumfeld Situationen, in denen man davon ausgeht, dass du auf der Bühne auch ohne den Soundcheck funktionierst. Aber du kannst viele der Fragen, die normalerweise während eines Soundchecks geklärt werden, schon durch eine Betrachtung des Veranstaltungsortes beantworten. Doch die oben angesprochene „Erstbegehung" solltest du immer für dich nutzen.

MERKE:

Betrachte die Nutzung eines Mikrofons eher als eine Unterstützung und nicht als ein Hindernis. Wenn alle ein Mikrofon verwenden, solltest auch du eins benutzen. Mach dir den Unterschied zwischen Saal- und Bühnensound klar. Es gibt verschiedene Arten von Mikrofonen, die jeweils spezifische Eigenschaften und entsprechende Vorteile und Nachteile haben. Verstehe und nutze den Soundcheck immer als eine „Erstbegehung" des Auftrittsorts.

FAZIT:

Wenn du öfter vor anderen Menschen sprechen willst, wirst du am Einsatz von Mikrofonen nicht vorbeikommen. Nutze alle Möglichkeiten, die Tipps der Stagehacks in der Praxis auszuprobieren. Es wird dir ein Leben lang helfen.

KAPITEL 11 Licht

Die wichtigste Lichtregel lautet: Licht kommt von vorne und nicht von hinten.

Wenn du bei einem Videocall mit dem Rücken zum Fenster sitzt, sieht man nur deine Konturen. Genauso ist es auch bei Auftrittssituationen. Das Licht ist dazu da, dass du besser gesehen wirst. Licht ist das i-Tüpfelchen, wenn es darum geht, besondere Auftrittssituationen zu kreieren. Doch so wichtig Licht auch sein kann, so schwer kann es dir auch das Leben auf der Bühne oder bei Vorträgen machen. Denn wenn du angestrahlt wirst, wirst du zum Teil geblendet und bist daher oft nicht in der Lage, dein Publikum zu sehen. Und was macht man in solchen Fällen gerne? Du hältst entweder die Hand über deine Augen oder du suchst dir eine Position auf der Bühne, wo du nicht mehr geblendet wirst und sagst: „Ach wie toll, jetzt sehe ich euch." Aber dafür stehst du jetzt im Dunkeln und wirst vom Publikum kaum noch gesehen.

Was das Thema Licht so schwer macht, ist die Tatsache, dass du ähnlich wie beim Ton eine andere Wahrnehmung hast als deine Zuschauer. Du siehst nicht, wie du gesehen wirst. In einem voll besetzten Raum zu spielen und die Zuschauer nicht zu sehen, braucht viel Erfahrung und Überwindung.

Geht es um Film- oder TV-Produktionen, um Theater oder Musicalshows oder auch um Produktpräsentationen, dann hat das Licht zwei vorrangige Aufgaben. Erstens sollen die Akteure sichtbar gemacht werden und zweitens will man mithilfe des entsprechenden Lichtkonzepts visuell atmosphärische Welten erschaffen, die die Wertigkeit der Veranstaltung erhöhen. Für mich als Akteur heißt das, dass ich in solchen Situationen damit leben muss, das Publikum nicht zu sehen.

Geht es aber um Vorträge und Ansprachen, kommt eine dritte Komponente hinzu: die Möglichkeit der Kontaktaufnahme mit dem Publikum.

Wenn ich zum Beispiel bei einer Jahreshauptversammlung das Publikum direkt anspreche und es beobachten möchte, dann sollte es auch einen Weg geben, dass ich die Menschen vor mir im Raum sehe.

Ich weiß aus Erfahrung, dass es nicht immer einfach ist, den verantwortlichen Techniker und Technikfirmen dies zu erklären. Aus Sicht der Technik ist das auch nachvollziehbar, denn die denken in der Regel nicht über Kommunikation, sondern über den perfekten Look nach. Und doch ist eine für uns hilfreiche Lichtstimmung machbar. Man kann zum Beispiel das Bühnenlicht an vorher besprochen Momenten dimmen oder das Saallicht hochziehen. Dafür solltest du aber in der Lage sein, dies im Vorfeld zu kommunizieren und bereit sein, Kompromisse zu finden.

Grundsätzlich unterscheide ich zwischen drei Lichtstimmungen:

Das schöne Licht
Licht, welches Bühne, Produkte und Akteure perfekt aussehen lässt.

Das kommunikative Licht
Beleuchtete Bühne oder Auftrittsfläche inklusive eines hell ausgeleuchteten Zuschauerbereichs, was den Bühnenakteuren ermöglicht, alle Publikumsreaktionen zu erkennen.

Das perfekte Licht
Kompromiss aus dem schönen und kommunikativen Licht. Eventuelle Anpassung auf Stichwort.

Dieses Lichtverständnis kannst du auch auf kleine Räume ohne Technik anwenden. In kleineren Räumen kannst du mit dem eingebauten Licht und dem Tageslicht spielen. Du solltest aufpassen, dass du nicht direkt vor einem Fenster stehst. Du kannst im Vorfeld ausprobieren, welche Deckenlichter an und welche ausgestellt werden sollten. Des Weiteren solltest du checken, ob es einen Lichtprojektor gibt und wie du dich positionieren kannst, dass du nicht in dessen Lichtstrahl stehst.

Egal, wie aufwendig die Veranstaltung ist, es sollte immer in deinem Interesse sein, die Situation im Vorfeld zu checken (s. Kapitel 1.1 Ton). Zum Teil hilft es dir schon, wenn du beobachtest, wie andere auf der Bühne aussehen und wo die stehen. Dir sollte aber auch klar sein, dass sobald du auftrittst, nicht mehr viel geändert werden kann. Es wirkt extrem unprofessionell, wenn sich die Vortragenden während des Vortrags beschweren, dass sie nichts sehen. Denn entweder können wir (die Zuschauer) es nicht nachvollziehen oder wir denken: „Da hat sich aber jemand nicht gut vorbereitet!" In so einem Fall kannst du maximal einmal die Hand vor die Augen halten oder einmal aus dem Licht gehen. Aber ehrlich gesagt sieht schon das eine Mal nicht so doll aus …

Du siehst nicht, wie du gesehen wirst. Daher solltest du dir immer die Ausleuchtung aus der Sicht der Zuschauer vorstellen und in der Lage sein, besondere Wünsche klar zu kommunizieren.

Die Beleuchtung ist ein wesentlicher Faktor bei der Gestaltung deiner Auftritte. Daher solltest du dich immer im Vorfeld mit der Bühnen- und Lichtsituation vertraut machen, um sicherzustellen, dass du das Licht optimal nutzt.

KAPITEL 12 Sweetspot

Bühnenpersönlichkeiten wird oft eine enorme Ausstrahlung nachgesagt. Ein großer Teil dieser Ausstrahlung resultiert aus der Selbstverständlichkeit, wie sich diese Personen auf einer Bühne oder vor einer Kamera bewegen. Da hat jemand die Bühne zu seinem oder ihrem Wohnzimmer gemacht.

Um dies zu erreichen, solltest du nicht nur das Thema Licht verstehen, es hilft auch, wenn du ein Verständnis für die richtige Positionierung auf der Auftrittsfläche entwickelst. Insbesondere dann, wenn auch noch Gäste, Projektionen, Requisiten und/oder Kameras mit ins Spiel kommen.

Bei Theater-, Ballett- und Filmproduktionen spricht man vom Stageing. Es bezieht sich auf die visuelle und räumliche Gestaltung eines Auftritts. Das richtige Stageing ist eine der wichtigen Aufgaben der Regie und Choreografie. Schon früh lernst du als Profi den Anweisungen der Regie zu folgen, um den bestmöglichen Erfolg zu erzielen. Ähnlich wie beim Thema Licht kannst du als Akteur nicht immer einschätzen, wie du von „vorne", also aus Sicht des Publikums, gesehen wirst. Im Gegensatz zu diesen Großproduktionen sind wir jedoch bei Vorträgen und Gesprächen meist selbst für die richtige Positionierung verantwortlich.

Es ist wichtig zu verstehen, dass dieses Thema nicht nur für große Veranstaltungen, sondern auch für kleine Seminare und Konferenzen relevant ist. Ich werde im Folgenden beide Spielvarianten genauer betrachten: Bühne und Seminarraum.

Bühnen & Großevents

Bei größeren Bühnen wird die Positionierung meist durch Aufbauten und technische Vorgaben festgelegt. Aber auch hier hast du in der Regel immer einen gewissen Bewegungsspielraum, den du selbst kontrollieren kannst. Grundsätzlich solltest du nie zu weit hinten an der Rückwand „kleben". Dies strahlt ein gewisses Maß an Unsicherheit aus. Die größere Herausforderung ist es, die richtige Positionierung nach vorne zur Bühnenkante zu finden. Vor allem, wenn die Zuschauer mit einem gewissen Abstand zur Bühne sitzen, haben wir oft den Drang, uns ganz vorne an die Bühnenkante zu stellen. Sei es, weil du den Kontakt suchst oder durch die Position zeigen möchtest: „Ich habe keine Angst vor Bühne und Publikum, ich stehe direkt vor euch." Bühnen haben oft sogenannte Sweetspots, also Positionen, wo du die Bühne am besten ausfüllst und am harmonischsten mit Aufbauten und Licht wirkst.

Um ein Gefühl für diese Positionen zu bekommen, hilft es schon – wie bei Thema Licht – wenn du einmal die anderen Akteure auf der Bühne beobachtest. Alternativ kannst du dich vor die Bühne stellen und jemanden bitten, sich auf verschiedene Positionen zu begeben.

Du wirst überrascht sein, wie anders sich Positionen aus der Sicht der Zuschauer darstellen. Gerade beim Thema der Positionierung solltest du nicht auf dein intuitives Gefühl hören. Oft nimmst du die erste Reihe als deinen Referenzwert, weil du diese Reihe siehst, und vergisst die viele Reihen dahinter. Oder die erste Reihe ist 10 Meter von der Bühnenkante entfernt – dann spielt es kaum noch eine Rolle, ob du einen Meter weiter vor oder zurück stehst. Aber egal, ob die erste Reihe direkt vor der Bühne oder in 5 Metern Abstand aufgestellt ist: Die Mehrzahl der Zuschauer sitzt ohnehin weiter hinten. Sobald du weißt, wo deine Position ist, kannst du den Spielbereich mit Klebestreifen markieren oder, falls das nicht möglich ist, Aufbauten, Requisiten oder Aufgänge als Erinnerungsstützen festlegen.

Wenn du mit Teammitgliedern oder Gästen agierst, solltest du auch noch auf die richtige Ausrichtung zueinander achten. Bei Interviewsituationen solltest du dich einerseits den Gästen zuwenden, ohne dich aber vom Publikum wegzudrehen. Erfahrene Akteure arbeiten daher oft mehr mit Kopfdrehungen als mit dem ganzen Körper und versuchen ihre Gäste durch ihre Positionierung und ihre Bewegungen quasi „mitzuführen".
Bei einer Präsentation im Team ist es wichtig, darauf zu achten, dass sich die Gruppe nicht sukzessive immer weiter zurückzieht. Dies ist ein ganz normaler Prozess. Sobald jemand spricht, treten die anderen häufig einen kleinen Schritt zurück. Der oder die Nächste spricht – derselbe Effekt. Nach drei bis vier Gesprächs-

wechseln steht plötzlich die ganze Gruppe hinten an der Leinwand. Um dem entgegenzuwirken, sollte man darauf achten, dass sich die jeweils aktive Person nach vorn bewegt (und später wieder zurück).

Hier sind einige Fragen, die du dir im Vorfeld bei Bühnenpräsentationen stellen kannst:

Ist meine Position vorgegeben?
Wie viel Bewegungsspielraum habe ich? Wo sollte ich auf keinen Fall stehen?
Ist meine Position markiert? Wenn nein, wie finde ich die?
Wie ist dort die Lichtsituation? Kann ich das Publikum sehen? Kann ich dies ändern?
Gibt es Positionswechsel? Wie komme ich dahin?
Muss ich mit anderen interagieren?
Wo sind die Auf- und Abgänge?

Seminarraum

In kleinen Räumen ohne Bühne denken wir oft gar nicht darüber nach, wo und wie wir uns hinstellen oder setzen, sondern lassen uns mehr von der Gewohnheit treiben. Aber willst du nicht auch hier den bestmöglichen Eindruck hinterlassen? Viele der eben beschriebenen Tipps kannst du auch auf kleinere Auftrittsräume anwenden. Besonders aufpassen solltest du in Räumen, die über eine komplette Technik wie Licht, Ton und Beamer verfügen, aber keine erhöhte Bühne aufgebaut haben. In solchen Räumen ist nicht nur der Bewegungsspielraum häufig deutlich eingeschränkter, zusätzlich solltest du auch noch prüfen, ob du auch von den hinten sitzenden Zuschauern gesehen wirst. Ein Publikum mit schlechter Sicht stellt immer ein Unruhepotenzial dar.

In Räumen ohne Technik und Bühne kannst du versuchen, durch eine geschickte Sitzordnung und einige Aufsteller wie Flipcharts einen Bühnen-Look zu erzeugen. In solchen Räumen solltest du auch auf die Lichtsituation achten. Kommt Tageslicht herein? Blendet es? Kannst du dich an der längsseitigen Wand des Raumes positionieren? Ich bevorzuge oft die breite Seite des Raumes anstelle der Längsausrichtung. Ich muss dann zwar häufiger zu Seite schauen, aber ich habe so Lautstärke und Publikumsnähe besser unter Kontrolle. Und noch ein Hinweis für kleinere Räume: Pass auf, dass du dich nicht zu sehr an die Rückwand stellst. Das schafft immer ein unschönes Bild. Gleichzeitig solltest du aber darauf achten, dass du ausreichenden Abstand zu Zuschauern und Teilnehmern wahrst, damit sich niemand eingeengt fühlt.

Wenn du an einem Tisch sitzt und zur Ansprache oder Präsentation aufstehst, versuche im Vorfeld einen passenden Platz auszusuchen. Selbst wenn sich hinter dir eine Fensterfront befindet, würde ich mir immer die Seite aussuchen, die hinter dir mehr Platz zulässt – das gibt dir Bewegungsfreiheit und lässt dich entspannter wirken.

Hier sind einige Fragen, die du dir im Vorfeld von Vorträgen in kleineren Räumen stellen solltest:

Gibt es einen festgelegten Präsentationsort?
Ist dieser vorgegeben oder kann ich ihn bestimmen?
Kann ich diesen Bereich in meinem Sinne arrangieren?
Kann ich Präsentationsmöglichkeiten wie Flipcharts verschieben und im Vorfeld positionieren?
Stehen wir vor einem Fenster oder einer Fensterfront?
Sitzen wir? Präsentieren wir vor dort aus?
Bleiben wir sitzen oder stehen wir auf?
Kann ich mir meinen Sitzplatz im Vorfeld aussuchen?
Wie viel Platz habe ich, wenn ich aufstehe?

Wie wichtig das richtige Stageing auf einer Bühne ist, ist vielen Einsteigern oft gar nicht bewusst. Doch auch mit Profis diskutiere ich oft lange über das perfekte Stageing. Denn wie du den Look deines Auftritts auf der Auftrittsfläche wahrnimmst und wie er aus Sicht des Publikums wirkt, ist selten deckungsgleich. Was immer hilft, ist eine Begehung der Auftrittsfläche und des Saals. Wenn das nicht machbar ist, solltest du zumindest die Vorredner und Vorrednerinnen genau beobachten. Was gfällt dir auf, was stört dich? Wenn du die mitgelieferte Fragenliste nur kurz durchgehst, werden dir viele Fallgruben ganz schnell deutlich ...

MERKE:

Das Thema Positionierung ist ein häufig übersehenes Tool für erfolgreiche Vorträge. Dies gilt sowohl für große als auch kleine Events. Finde den Sweetspot deines Spielortes und lerne, Abstände richtig einzuschätzen.

FAZIT:

Die richtige Positionierung auf der Bühne hilft dir von Anfang an, die nötige Souveränität auszustrahlen. Sie vermittelt den Zuschauern den Eindruck, dort steht eine Person, die weiß, wie man mit Bühnen- und Auftrittssituation umgeht.

KAPITEL 13 Kameraarbeit – Grundlagenwissen

Sich vor einer Kamera zu präsentieren oder per Kamera zu kommunizieren, ist aus unserer aktuellen Welt gar nicht mehr wegzudenken. Videoaufzeichnungen kannst du für verschiedene Zwecke verwenden, wie zum Beispiel zur Aufnahme von Filmen, Fernsehsendungen, Vorträgen, Vorlesungen, Dokus, Reportagen oder auch für Tutorials. Du kannst sie auf physischen Datenträgern wie Chips und Festplatten abspeichern und über Cloud-Speicherplattformen wie zum Beispiel YouTube, Vimeo oder sonstigen Abspielplattformen bereitstellen. Und da sich die Kamera mit der Evolution der Smartphones und der Social-Media-Welt praktisch in unser Leben geschlichen hat, nutzen wir die Kamera nicht nur sehr häufig, wir nutzen sie auch sehr intuitiv.

Glücklicherweise machen wir dabei auch vieles richtig. Jedoch habe ich in den letzten Jahren oft beobachten können, wie die unterschiedlichsten Menschen immer wieder fast identische Fehler und, wie ich finde, unnötige Fehler gemacht haben. Wie kann das passieren? Ich denke, die Antwort liegt in der Tatsache, dass wir Kameraarbeit nicht bewusst gelernt, sondern uns in der Praxis antrainiert haben. Um deine Kameraarbeit auf ein bewussteres und professionelles Level anzuheben, brauchst du ein Grundlagenwissen, das dir dann hilft, die letzten Prozente aus der Arbeit vor und mit der Kamera herauszuholen. Zum besseren Verständnis habe ich das Thema Grundlagenwissen der Kameraarbeit in zwei Kapitel aufgeteilt: Technische Gesichtspunkte (Themenblock Basiswissen) und Kameraarbeit (Themenblock Perfomance).

Früher bist du immer gefilmt worden, jetzt drehst du oft vieles selbst. Eine der größten Veränderungen in der Videoaufzeichnungstechnologie war der Übergang von analogen zu digitalen Aufnahmegeräten. Frühere Kameras waren groß und kaum zu bezahlen. Heute hat fast jeder ein Smartphone mit einer integrierten Kamera und ist in der Lage Videos aufzuzeichnen, zu bearbeiten und zu teilen. Was ich dir mitgeben möchte, ist ein erster Überblick, damit du erst einmal verstehst, worauf du achten solltest und welche Prioritäten du setzen kannst. Für tiefergehende Informationen findest du dann ausgehend von diesem Grundwissen jede Menge Special-Interest-Tutorials. Hier die großen Themen, die du im Auge behalten solltest:

Vorbereitung

Selbst wenn du nur ein Statement für einen Social-Media-Kanal aufzeichnen möchtest, nimm dir genügend Zeit für die Vorbereitung.
Hast du ein Skript?
Wie möchtest du anfangen?
Wie lang soll das Video werden?
Willst du später schneiden?
Auf welchen Plattformen willst du dein Video veröffentlichen?
In welchem Format möchtest du aufzeichnen? Gerade diese Frage ist elementar für deinen Dreh. Hochformat, Querformat oder ein freies Format?

Format

Für verschiedene Social-Media-Plattformen gibt es unterschiedliche Videoformate, die am besten funktionieren. Hier die gängigsten Videoformate für die wichtigsten Social-Media-Plattformen:

Facebook
- Videoformat: MP4
- Seitenverhältnis: 16:9 oder 1:1
- Maximale Dateigröße: 4 GB
- Empfohlene Länge: 30 Sekunden bis 2 Minuten

Instagram
- Videoformat: MP4
- Seitenverhältnis: 1:1, 4:5 oder 16:9
- Maximale Dateigröße: 4 GB
- Empfohlene Länge: 15 Sekunden bis 1 Minute

YouTube
- Videoformat: MP4, MOV oder AVI
- Seitenverhältnis: 16:9
- Maximale Dateigröße: 128 GB oder 12 Stunden (abhängig von deinem Konto)
- Empfohlene Länge: 3 Minuten oder länger

YouTube Shorts
- Videoformat: MP4, MOV, AVI, WMV, FLV, 3GP
- Seitenverhältnis: 9:16
- Maximale Dateigröße: 500 MB
- Empfohlene Länge: 15 Sekunden bis 1 Minute

Twitter
- Videoformat: MP4
- Seitenverhältnis: 1:1 oder 16:9
- Maximale Dateigröße: 512 MB
- Empfohlene Länge: 30 Sekunden oder kürzer

TikTok
- Videoformat: MP4
- Seitenverhältnis: 9:16
- Maximale Dateigröße: 500 MB
- Empfohlene Länge: 15 Sekunden bis 1 Minute

Bitte beachte, dass diese Angaben nur Empfehlungen sind und je nach Plattform immer wieder angepasst werden können.

Kamera

Eine gute Kamera ist entscheidend für eine qualitativ hochwertige Videoaufzeichnung. Für kleine Social-Media-Spots reicht fast jede Smartphone-Kamera. Sobald du aber deine Videos bearbeiten und schneiden möchtest, solltest du dir vielleicht eine eigene Kamera zulegen. Wichtig ist vor allem die Auflösungsqualität deiner Kamera. Je höher die Auflösung, desto kleiner sind die Pixel und desto schärfer ist das Bild. Das wird spannend, wenn du deine Bilder vergrößern möchtest, bzw. auf ein Detail des Bildes zoomen möchtest. Diese Jump-Cuts (auf einen Ausschnitt heranspringen) siehst du in vielen YouTube-Videos. Wenn du über keine gute Auflösung verfügst, wird die Vergrößerung unscharf bzw. grobkörnig. Das heißt, die Pixel (picture element, die kleinste Einheit der digitalen Bilddarstellung) werden durch die Vergrößerung auseinandergezogen und lassen dann das Bild unscharf erscheinen. Viele moderne Kameras können heute in 4K-Qualität (3840 x 2160 Pixel, auch als „Ultra HD" bezeichnet) aufzeichnen. Das bedeutet, dass du in vierfacher Vergrößerung Ausschnitte des Bildes nutzen kannst, um immer noch HD-Qualität zu haben. Dieses Zoomen wird oft genutzt, wenn du zum Beispiel aus einem querformatigen YouTube-Video einen hochformatigen Auszug für YouTube-Shorts schneiden möchtest.

Stativ

Ein Stativ ist unerlässlich für stabile Aufnahmen. Es gibt viele Arten von Stativen auf dem Markt, aber achte darauf, dass es stabil ist und sich einfach auf- und abbauen lässt. Wenn du eine Kamera mit einem schweren Objektiv verwendest, solltest du ein Stativ wählen, das dieses Gewicht tragen kann. Es gibt auch großartige Handheld-Stative, wie Gimbels, die Bewegungen ausgleichen und automatisch deinen Bewegungen folgen können.

Licht

Die richtige Beleuchtung ist entscheidend für eine gute Videoqualität. Achte darauf, dass das Licht hell genug ist und die richtige Farbtemperatur hat. Tageslichtlampen oder spezielle Videolampen sind eine gute Wahl, um ein angenehmes Licht zu erzeugen. Grundsätzlich sollte das Licht immer von vorn kommen und der Hintergrund sollte eher abgedunkelt sein.
Achte auf Schatten. Sowohl auf Schatten in deinem Gesicht als auch auf Schatten, die im Hintergrund entstehen.
Wenn du eine Brille trägst, überprüf, wie du das Licht stellst, dass sich die Lichtquelle nicht in der Brille spiegelt. Wenn du diese Spiegelungen aber überhaupt nicht verhindern kannst, mach dich nicht verrückt und konzentriere dich auf den Inhalt.

Audio

Grundsätzlich macht der Ton den Unterschied aus. Du kannst die Bilder für Kinofilme zum Teil mit dem iPhone aufzeichnen. Aber für den Ton musst du extra Equipment hinzuziehen. Und wenn du einmal überlegst, wie du Videos wahrnimmst und konsumierst, dann schaust du bei Videos mit einem schlechten Ton oft erst gar nicht hin.

Versuch, an einem möglichst ruhigen Ort aufzuzeichnen. Ein externes Mikrofon ist oft besser als das eingebaute Mikrofon der Kamera. Wenn möglich, verwende ein Richtmikrofon, um Hintergrundgeräusche zu minimieren.

Hintergrund

Der Hintergrund sollte nicht ablenken, sondern den Fokus auf das Thema des Videos lenken. Wähle einen sauberen und ordentlichen Hintergrund. Dank neuer Videotechniken kannst du heute auch mit den unterschiedlichsten virtuellen Hintergründen arbeiten. Wenn du den Hintergrund aber nicht perfekt ausleuchtest oder dich viel bewegst, sieht das Bild oft etwas billig aus. Wenn du die Wahl zwischen On-Location (echter Orte oder Studio) und virtuellem Hintergrund hast, würde ich mich fast immer für On-Location entscheiden.

Bearbeitung

Die Bearbeitung, auch Postproduktion genannt, ist das Geheimnis, wie du aus jedem Video das Optimum herausholst. Schneide unnötige Szenen heraus und füge Übergänge, Musik und Texte hinzu, um das Video ansprechender zu gestalten.

Achte vor allem auf die Anfänge des Videos. Angeblich schaltet man auf TikTok nach 3 Sekunden ab, wenn einen das Video nicht sofort fesselt. Wir können gerne über die 3 Sekunden diskutieren, nicht aber um die Relevanz starker Anfänge.

Abschließend möchte ich dir einen Gedanken mit auf den Weg geben. Bitte überlege dir genau, welche Produktionen (Social Media oder Webinare) du allein aufzeichnen und in welchen Fällen du mit einem Team arbeiten möchtest. Natürlich kannst du einiges an Kosten sparen, wenn du selbständig und autark produzierst. Gerade in der Pandemie haben sich viele eine eigene Aufnahmetechnik und sogar ein eigenes Streamstudio zugelegt. Oft übersieht man aber, wie viel Zeit man investieren muss, um die Technik überhaupt zu verstehen und richtig einzusetzen. Dieser Zeitaufwand fehlt dir dann bei deiner eigentlichen Arbeit, nämlich der Aufbereitung deiner Botschaft und deiner Inhalte.

Was hilft, dieses Dilemma zu umgehen, ist die Standardisierung und Formatierung deiner Arbeit. Um die Kosten und den Aufwand unter Kontrolle zu behalten, macht es Sinn, in festen Kampagnen und regelmäßigen Rubriken denken. Diese Form der Herangehensweise hilft dir, nicht nur deinen Inhalt besser und einfacher vorzubereiten, sie ist oft auch für deine Zuschauer dank der Wiedererkennung einfacher zu vermarkten. Formate, die keinen technischen Aufwand bedürfen, kannst du selbst mit deinem Smartphone aufzeichnen, und bei aufwendigeren Ideen und Produktionen greifst du auf ein Produktionsteam zurück. Das erleichtert es dir, dich auf den Inhalt zu konzentrieren, und hält die Kosten im Griff.

Schon ein grundlegendes Verständnis der technischen Rahmenbedingungen kann die Wertigkeit (production value) deiner Produktion deutlich anheben. Du verstehst, wann du selbst aufzeichnen kannst, welche externen Dienstleister du eventuell benötigst und wie du bei größeren Produktionen deine Interessen und Wünsche besser kommunizierst.

Du solltest immer eine Kosten-Nutzen-Rechnung vornehmen. Was hilft dir mehr? Kosten zu sparen und autark zu produzieren oder externe Dienstleister zu beauftragen und mehr Zeit für deinen Inhalt zu haben?

KAPITEL 14 Notfallpläne

Braucht man Notfallpläne? Natürlich solltest du dich so gut es geht auf jeden Auftritt oder Vortrag vorbereiten und erst gar nicht in Situationen geraten, in denen du auf Notfallpläne zurückgreifen musst. Im Kapitel 4.6 Umgang mit Fehlern werde ich dir zeigen, wie du mit auftretenden Fehlern möglichst elegant umgehen kannst. Gleichwohl hilft es immer, wenn du auf feste Notfallpläne zurückgreifen kannst, und sei es nur, dass du beim Erstellen schon einmal alle möglichen Szenarien durchgehst und dich mental vorbereitest.

Im Folgenden findest du eine Liste mit bekannten Notfällen und Pannen und den Vorschlägen, wie du reagieren könntest bzw. was du vorsichtshalber immer dabeihaben solltest. Die Liste erhebt keinen Anspruch auf Vollständigkeit, deckt aber viele der mir bekannten Situationen ab.

Zu spät.

Immer Notfall-Handynummer notieren.
Ehrlich sein und rechtzeitig Bescheid geben.
Alles versuchen und im Notfall mit dem Taxi oder Uber durch die halbe Republik. (Ist mir mal in der Schweiz passiert – und die Taxen sind dort sehr teuer ...)

Keine Zeit für Soundcheck.

Ruhig bleiben und der Technik vertrauen.
Hör dir einmal an, wie andere Personen klingen.
Wo stehen oder hängen die Boxen? Kann es zu Rückkopplungen kommen?
Nutze die ersten Sätze, um die richtige Lautstärke zu finden und vermeide es, diese Testsituation zu kommentieren. Verunsichere nicht dein Publikum mit deiner Unsicherheit.

Ton funktioniert nicht.

Freundlich bei der Technik nachfragen, ob man das noch in den Griff bekommt.
Wenn nicht, checken, ob es ohne geht. Wenn ja, dann weiter.

Wenn Zuschauer nichts hören, höflich abgehen und die Lösung des Problems den Verantwortlichen übergeben. Gut gemeint ist oft nicht hilfreich. Lieber Pause ankündigen als schlecht überbrücken.

Licht ist zu hell und du siehst das Publikum nicht.

In diesem Fall kann man wenig machen. Durchziehen und sich vorstellen, wo Zuschauer sitzen können. Stell dir Menschen vor, die du anspielst.

Publikum ist unruhig.

Ruhe ausstrahlen und 2-3 Minuten aushalten. Wenn die Zuschauer merken, dass du entspannt weiterredest, hören die irgendwann zu.

Jemand stört.

Ruhig bleiben und bestenfalls erklären, dass man gerne später mit dir reden kann. Wenn er oder sie nicht aufhört und die Veranstalter nicht reagieren, kurze Pause einlegen, erklären, dass du in 5 Minuten zurückkommst. Dann im Hintergrund klären, wie man mit dieser Person umgeht. (Ist mir nur einmal im Leben passiert.)

Moderatoren kündigen dich falsch an. Name, Titel, Thema – alles falsch.

Egal, freundlich bleiben und Größe zeigen. Nicht sofort korrigieren. Konzentriere dich stattdessen zuerst auf deine Begrüßung und dein Publikum. Anderenfalls beginnst du sofort mit einer offensichtlichen Panne und einer unangenehmen Situation.

Du hast den Namen deines Ansprechpartners vergessen.

Entscheide, wie wichtig die Situation ist. Wenn du nicht geschickt drumherum reden kannst, dann frage höflich nach. Einmal kannst du einen Namen auch geschickt wegnuscheln – aber beides solltest du nur dieses eine Mal machen.

Text vergessen.

Einmal kannst du einen Witz aus der Situation machen. Ansonsten Ersatztexte bereitliegen haben. Dies können Moderationskarten sein oder wenn du weißt, dass du noch Schwierigkeiten mit deinen Texten hast und alleine auf der Bühne bist, kannst du auch Texte auf den Bühnenboden kleben. (Wenn die Bühne höher als der Saal ist.)

Dinge, die du immer als Ersatz mitnehmen solltest:
Ersatzmoderationskarten.
Zweites Hemd, Sakko und Hose oder Kleid.
Ausgedruckten Text für deine Anmoderation.
Immer einen zweiten Ablaufplan mitnehmen.
Wenn du mit Ton-Einspielern arbeitest, immer einen Ersatzeinspieler mitnehmen.
Adapter für Rechner.
Netzteil und Batterien.
Präsentation auf USB-Stick.
Gute Laune ...

Egal, was passiert, bleib freundlich. Dafür gibt es zwei gute Gründe. Wenn du mit Fehlern und Pannen entspannt umgehst, stellst du dich als kompetente Person dar und hast die Chance zum Helden oder zur Heldin zu werden (s. Kapitel 4.6 Umgang mit Fehlern). Und der zweite Grund, warum du immer freundlich bleiben solltest, ist die Tatsache, dass es immer eine Person gibt, die die Aktion aufzeichnet. Und wenn du dich dann später im Netz wiederfindest, dann solltest du zumindest souverän und freundlich wirken.

Hope for the best, plan for the worst. So ist das auch mit Notfallplänen. Sei vorbereitet für alles, was schiefgehen könnte, denn es wird einiges schiefgehen. Aber dann kannst du nur gewinnen.

Zum Abschluss noch Notfallregel Nr. 1: „Vor einem Auftritt bloß nicht aufregen." Denn es spielt keine Rolle, wer recht hat, wenn du dich kurz vor einem Auftritt aufregst, ist das immer zu deinem Schaden. Dann heißt es: Augen zu und durch.

KAPITEL 1 Warum und wie proben

nce

Wir sind jetzt im Themenblock Performance angekommen und stehen direkt vor der wichtigsten Frage dieses Themenblocks: Wie trainiere ich denn meine Auftrittstechniken und den eigentlichen Vortrag oder Auftritt?

Ein alter Theaterspruch lautet: „Bühne trainiert Bühne." Diese Aussage ist in vielerlei Hinsicht nachvollziehbar. Erst in der Auftrittssituation werden dir alle technischen Gewerke zur Verfügung stehen. Erst jetzt wirst du in der Interaktion mit dem Publikum feststellen, was inhaltlich und dramaturgisch funktioniert und an welchen Stellen Verbesserungsbedarf vorliegt. Diese Aussagen kannst du auch auf die Kameraarbeit übertragen. Hier fehlen dir zwar im Gegensatz zur Livesituation die Zuschauer, aber du wirst merken, wenn Kostüm, Ton und Licht final eingerichtet sind und jemand hinter der Kamera steht, fühlt sich plötzlich alles anders an als bei einer Probe. Aber, und jetzt kommt mein großes ABER, ohne Proben wirst du die Chance, die Auftritte dir bieten, überhaupt nicht genügend ausnutzen können. Proben machen nicht nur den Unterschied zwischen „um ihr Leben spielenden" Amateuren und „souveränen und entspannten" Profis, sie sind vielmehr Doping für jeden Auftritt. Im professionellen Umfeld ist die Probe eine Selbstverständlichkeit. Im Theater gibt es Dialogproben, Hauptproben, Kostümproben, eine Generalprobe und sogar eine Verbeugungsprobe. Daher solltest du jede Probe nutzen UND lernen, wie du richtig probst.
Aus eigener Erfahrung weiß ich jedoch selbst, dass der Probenarbeit oft ein ähnliches Mysterium anhängt wie dem Auftritt als solcher. Daher wird der Spruch „Bühne trainiert Bühne" manchmal auch nur genutzt, um sich um die Probe zu drücken. Ich kann mich noch gut an die ersten Probentage meiner Comedygruppe *Die Niegelungen* erinnern. Wir haben lieber 3 oder 4 Stunden diskutiert, wie wir uns vorstellen, wie wir den jeweiligen Sketch spielen sollten, anstatt diesen Sketch einfach mal 5 Minuten auszuspielen. Ein großes Geheimnis der richtigen Probenarbeit lautet: einfach machen! Selbst die unvollständigste Probe ist besser als keine Probe. Aber mir ist auch klar, wie schwer die ersten Schritte sind. Worauf kannst du also achten? Was könnte dir helfen?
Häufig, wenn wir vom Proben sprechen, meinen wir nur das bloße Auswendiglernen von Text. Auch wenn das Textlernen ein wichti-

ger Teil des Probens ist, geht die Probenarbeit deutlich weiter. Ich unterteile die Probenarbeit in drei Arbeitsschritte: Text lernen, das Training von Auftrittstechniken und die Auftrittsprobe. Auch wenn mit steigender Erfahrung die drei Schritte schnell miteinander verschmelzen, solltest du versuchen, in der Anfangszeit die drei oben genannten Arbeitsschritte getrennt voneinander durchzuführen.

Was du dir als Allererstes zulegen solltest, ist ein Übungstext. Die Suche nach diesem Text ist Grundvoraussetzung für die weitere Arbeit. Warum? Du kannst Bühnenfähigkeiten nur anhand von Texten üben. Wie willst du dein Timing, Betonung oder begleitende Körpersprache verbessern, wenn du keinen Text hast? Ohne Text kannst du immer noch Pantomime werden. Nichts gegen eine gute Pantomime-Nummer. Mit den entsprechenden Untertiteln kannst du so auch auf Social Media weltweit durchstarten. Und bestimmt hilft es auch dem Training der Körpersprache. Aber aus eigener Erfahrung und nach dem Besuch mehrerer Clown-Workshops in Paris und London weiß ich, dass das gesprochene Wort einfacher zu erlernen ist als Pantomimetechniken.

Im Idealfall nimmst du deine Lieblingspräsentation oder eine vorhandene Bühnennummer als Übungstext. Falls du so einen Text noch nicht hast, dann lern bitte ein Stück aus einem Schauspiel auswendig oder schreib dir den Text einer bekannten Comedynummer oder eines TED-Vortrags runter. TED-Talks haben zum Beispiel immer ein Transkript und für alle anderen gibt es gute Transkriptionsprogramme, die das schnell für dich erledigen. Aus Erfahrung würde ich sagen, dass du einen kurzen Part von 4-7 Minuten und später von 10-15 Minuten brauchst. Manchmal merkst du, dass sich dein Text für einige Übungen besser eignet als für andere. Dann solltest du nach einem Zweittext Ausschau halten. Bevor wir im nächsten Kapitel in die konkrete Probenarbeit einsteigen, möchte ich dir noch drei Grundlagentechniken vorstellen, die du immer nutzen kannst und dir immer helfen werden.

Atemübungen

Atemübungen sind für die Bühne, was die Hühnersuppe für Erkältungen ist: ein grundsolides Allheilmittel. Atemübungen helfen dir, dich zu entspannen, sie fördern eine besser Körperwahrnehmung, unterstützen Stimme und Sprachfluss und – lenken dich ab. Auf diesen letzten Punkt bin ich erst vor kurzem gestoßen. Ich habe einen Bericht über über den jungen deutschen Golfspieler Yannik Paul gelesen, der die 4–7–8 Methode (4 Sekunden tief einatmen, 7 Sekunden Atem halten, 8 Sekunden langsam ausatmen) einsetzt, um sich von seiner Nervosität abzulenken.[2] Ich nutze diese Übung selbst und empfinde auch, dass sie mir hilft, mich körperlich zu entspannen, aber auf den Gedanken des Ablenkens bin ich vorher nicht gekommen. Yannik Paul beschreibt, dass er so sehr mit dem Zählen beschäftigt ist, dass er vergisst, nervös zu sein. Clever. Falls du mehr über Atemübungen lernen möchtest, kann ich dich auf den Anhang dieses Buches verweisen, in dem ich jede Menge Bücher und Links zu den einzelnen Bereichen aufgelistet habe.

Visualisierung

Eine zweite Grundtechnik ist die Visualisierung von Situationen und Personen. Je früher du dir während Probe und Training konkrete Auftrittssituationen mit dem passenden Publikum vorstellst, umso schneller fühlen sich Proben wie Auftritte an.

Ein kleiner Test.

Sag einmal: „Herzlich Willkommen", und versuche ein Gefühl zu entwickeln, wie die Worte klingen, wie du sie hörst und wie dein Köper und dein Gesicht sich dabei anfühlt. Und jetzt zwei bis drei Mal wiederholen.

Als Nächstes stell dir ein imaginäres Publikum vor. Wer, wo, wie viele Zuschauer. Und nun sprich dieses Publikum mit einem „Herzlich Willkommen" an. Wiederhole auch diesen Vorgang zwei bis drei Mal.

Mit Sicherheit hat deine Körperspannung zugenommen. Du hast vermutlich bewusster, ruhiger und etwas lauter gesprochen und wahrscheinlich hat sich auch ein kleines Lächeln in deinem Gesicht eingestellt.

Wenn nicht – probiere es noch einmal ...

Diese Form der Visualisierung hilft dir sofort, jede Auftrittstechnik mit Leben zu füllen und hilft dir insbesondere beim Training deines Bühnentimings.

Auffüllen der Handlungsschubladen

Du wirst bei mir häufiger vom „Auffüllen der Handlungsschubladen" lesen. Du kannst dieses Bild auch mit Repertoireerweiterung übersetzen. Ich habe mich aber für die Schublade entschieden, weil es für mich praxisorientierter klingt. Du trainierst während der Probenphase neue Bewegungen, Reaktionen oder Abläufe. (Diese Arbeit geht es nicht ohne Übungstext!) All die neuen Bewegungen und Reaktionen legst du in der jeweiligen Schublade ab. Zuerst versuchst du rein spielerisch deinen Handlungskatalog zu erweitern. In den einzelnen Kapiteln werde ich dir konkrete Übungen vorstellen. Und im zweiten Schritt koppelst du die neuen Handlungen und Reaktionen an feste Auslöser (Trigger). Das können einzelne Wörter oder auch Emotionen oder Rollenbilder sein, die du dir vorstellst. Diese gekoppelten Abläufe speichert dein Gehirn ab. Anstatt später im Auftritt permanent an einzelne Handlungsdetails zu denken, vertraust du darauf, dass wenn du das Wort „groß" aussprichst, auch deine Körperspannung zunimmt, die Stimme kräftiger wird und deine Gestik sich anpasst. Das funktioniert – wenn du bereit bist, etwas Zeit in Proben zu investieren.

Oft fühlen sich die Proben rückblickend schwerer an als die eigentlichen Auftritte, daher solltest du auch das richtige Proben erlernen. Auch hier gilt das Step-by-Step-Prinzip: Einzelne Auftrittstechniken üben, zusammenführen und dir dann konkrete Auftrittssituation vorstellen.

Die Probe ist ein integraler Bestandteil des Arbeitsprozesses. Es ist kein „nice to have", sondern ein „must have". Selbst die einfachste und unvollständigste Probe ist besser als keine Probe!

KAPITEL 2 Auftrittstechnik I – Text lernen

Welcher Künstler oder Künstlerin kennt nicht die Frage: „Wie schaffen Sie es, so viel Text auswendig zu lernen? Das würde ich nie schaffen." Keine Sorge, das kann man lernen. Es ist Arbeit, mehr aber auch nicht.

Selbst wenn du planst, die Rede nur vorzulesen, ist es hilfreich, dir den Text klar vor Augen zu führen. Lese den Text gründlich durch und versuche dir die Schlüsselbotschaften noch einmal klarzumachen. Lese den Text danach zweimal laut vor und mach dir ab dem zweiten Durchgang Notizen zur Performance. Wann möchtest du vom Blatt aufschauen oder wann glaubst du, Pausen setzen zu können? Wo sind die perfekten Momente, um die begleitende Präsentation weiter zu klicken? An welchen Stellen hättest du gerne eine Reaktion? Wo könnte das Publikum lachen? Mehrmals laut Lesen hilft dir nicht nur, den Text besser zu verstehen, es trainiert automatisch Stimme und Sprache.

Kommen wir zum klassischen Auswendiglernen. Auch in diesem Fall würde ich mit mehrmaligem Vorlesen beginnen. Ziel ist es, den Text zu verinnerlichen. Je mehr du den Text verinnerlichst, um so klarer wird dir Struktur und Informationsfluss des Textes. Wo werden neue Informationen geliefert? Wo sind Füllsätze? Wo wird die Story weitergetrieben? Einerseits hilft dir dieses Verständnis, später selbst Texte zu schreiben oder anzupassen und gleichzeitig wirst du schneller merken, an welchen Stellen Betonungspunkte und Ausspielmöglichkeiten entstehen.

Gute Drehbücher zeichnen sich durch einen guten Informationsfluss aus. Jeder Textabsatz sollte eine neue Information liefern, die die Geschichte konsequent weiterführt. Man spricht oft von Beats. Also Sätze, die nicht nur als Beschreibung dienen, sondern der Geschichte oder dem Vortrag den nächsten Schub geben. Hat dein Text diese Momente? Wo sind sie? Wie kannst du sie betonen und hervorheben?

Als nächstes solltest du den Text in kürzere Abschnitte unterteilen und dir Stichworte für jeden Abschnitt in Form einer Gliederung aufschreiben. Alles, was du dir einmal aufgeschrieben hast, behältst du leichter im Gedächtnis. Und je klarer die Struktur deines Vortrags ist, desto einfacher ist es wieder in den Text einzusteigen, falls etwas schiefläuft oder du mit unvorhergesehenen Reaktionen oder Fragen vom Publikum konfrontiert wirst.

Die einzelnen Textpassagen meiner Shows habe ich gerne beim Spazierengehen gelernt, bis ich die Passagen dann nach und nach zusammengeführt habe. Beim Spazierengehen habe ich mich ungestört gefühlt und konnte so die Texte laut vor mich her sprechen. So habe ich die Texte immer recht schnell gelernt. Das Problem war nur, dass ich die Texte zum Teil wieder vergessen habe, sobald ich sie vor Freunden oder der Familie vortragen wollte.

Das mit dem „Text vergessen" ist vollkommen nachvollziehbar. Zuerst lernst du den Text in einem Umfeld, in dem du dich wohlfühlst. Sobald du aber das Umfeld wechselst, bist du jeder Menge neuer Eindrücke ausgesetzt, die automatisch zu Konzentrationsfehlern führen. Jetzt stell dir einmal vor, was passiert, wenn du plötzlich vor eine große Gruppe fremder Menschen mit viel Krach, Licht, Ton und neuen Eindrücken trittst? Alles andere als ein Text-Black-out wäre ein Wunder!

Damit kommen wir zu Textlernphase Nummer zwei. Jetzt geht es darum, sich Ablenkungen auszusetzen, um den Text zu verinnerlichen. Mach Gymnastik, spül, räum etwas um, jongliere oder lauf durch eine volle Fußgängerzone. Wichtig ist, dass du lernst dich von neuen Impressionen und Eindrücken nicht ablenken zu lassen.

Das Training von Tiger Woods ist ein hervorragendes Beispiel hierfür. Als er noch jung war, hat er stundenlang an seinen Abschlägen gearbeitet. Aber es ging nicht nur darum, die Mechanik des Abschlags zu üben; es ging auch darum, sich mental vorzubereiten. Sein Vater hat während dieser Trainings regelmäßig für neue Geräuschkulissen gesorgt. Anscheinend hat er sogar Kracher neben ihm explodieren lassen – nur um ihn abzulenken. Das Ziel war es, auch unter widrigsten Bedingungen fokussiert zu bleiben.

Das große Ziel des Textlernens ist nicht nur, den Text auswendig zu lernen, sondern den jeweiligen Text zu DEINEM Text zu machen. Du solltest den Text so verinnerlichen, dass du mit ihm spielen und ihn für alle weiteren Schritte nutzen kannst. Diesen Ansatz lernst du in den Kapiteln Auftrittsprobe (s. Kapitel 2.9 - 2.11) weiter zu nutzen. Im ersten Schritt brauchst du einen Text, damit du über einen Übungstext zum Training der unterschiedlichen Auftrittstechniken verfügst.

Text lernen braucht Zeit und etwas Disziplin. Step by Step. Wenn du erst einmal angefangen hast und dann kontinuierlich von Absatz zu Absatz weitergehst, wirst du erstaunt sein, wie viel und wie schnell du Text lernen und auch behalten kannst.

Der Text ist das Fundament deiner Arbeit. Ohne einen auswendig gelernten Text wirst du weder Auftrittstechniken richtig trainieren noch auf der Bühne brillieren können.

KAPITEL 3 Auftrittstechnik II – Stimme & Sprache

Nach der Textsuche und dem Lernen des Textes geht es jetzt an die einzelnen Auftrittstechniken. In der Anfangszeit würde ich dir raten, dass du dich auf eine Auftrittstechnik je Probe fokussierst. Konzentrier dich zuerst auf die Stimme, dann eine Zeitlang auf die Körperhaltung und im nächsten Schritt auf die Gestik. Du wirst schon früh feststellen, dass verschiedene Fertigkeiten häufig miteinander reagieren. Wenn du lauter sprichst, wird auch deine Körperspannung zunehmen. Das Interessante ist, dass du Reaktionen auch umgekehrt einsetzen kannst: Du konzentrierst dich beispielsweise auf eine aufrechte und spannungsvolle Haltung – und merkst automatisch, wie deine Stimme an Druck gewinnt! (Der Spruch „Stell dich gerade hin" macht in Auftrittssituation schon manchmal Sinn …)

Wenn der Text die Grundlage deiner Arbeit ist, so ist die Stimme Tool Nr. 1. Sie ist der Multiplikator deiner Gedanken und Ideen. Daher solltest du sie pflegen und trainieren.

Auch wenn im Profitraining zwischen Stimm- und Sprachtraining unterschieden wird, habe ich beides in diesem Kapitel zusammengefasst. Ich denke, zuerst einmal ist wichtig, gehört zu werden, halbwegs deutlich zu sprechen und nicht heiser zu werden. Grundlegende Übungen habe ich im Folgenden für dich zusammengefasst.

Laut lesen

Der einfachste Weg, deine Stimme und Sprache zu trainieren, ist es, x-beliebige Texte laut zu lesen. Laut lesen trainiert die Fähigkeit des Ablesens und gleichzeitig deine Fertigkeiten in puncto Artikulation, Intonation und Akzente. Es hilft dir Texte bewusster wahrzunehmen. So wird dir schneller klar, wo du später mehr ausspielen oder emotionaler werden kannst und sich die ersten Stellen anbieten, mit kleinen Pausen Betonungen zu setzen. Mach dir das Vorlesen zur Gewohnheit und du wirst schnell Ergebnisse erzielen! Wenn du jetzt auch noch die Visualisierung einsetzt, beginnst du sofort, ein neues Timing zu entwickeln.

Stimmtraining

Eine Übung, um die Resonanz der Stimme zu verbessern: Hierbei wird ein kurzer Vokal wie „a" oder „o" langgezogen und dabei auf die Resonanz im Kopf geachtet. Du singst den Vokal und lässt ihn klingen. Die Übung kann auch mit verschiedenen Vokalen und Tonhöhen variiert werden. Wenn du die Vokale langziehst und klingen lässt, trainierst du den Klang. Achte einmal darauf, wie und wann dein Kopf vibriert. Wenn du die Vokale hingegen möglichst kurz aussprichst, trainierst du die Genauigkeit deiner Stimmbänder. Versuch die Vokale so kurz wie möglich auszusprechen und hör einmal hin, ob sie und wie lange sie nachklingen. Das sind die einfachsten Übungen, die Stimmbänder zu mobilisieren und dein Gehör und Stimmsensibilisierung zu optimieren.

Artikulationsübung

Du kannst dann von den Vokalen zu Konsonanten wechseln. Versuche einzelne Laute wie „p", „t", „k", „b", „d", „g" oder „s" bewusst und deutlich auszusprechen und dabei auf die Lippen- und Zungenbewegungen zu achten. Diese Übung kann auch mit Silben oder ganzen Wörtern durchgeführt werden.

Heiserkeit

Der simpelste Trick, deine Stimmbänder zu mobilisieren und so Heiserkeit vorzubeugen oder eine angekratzte Stimme aufzuwärmen, ist das Summen eines Tons oder sogar einer Melodie. Am einfachsten geht es mit einem „s". Summ das „s" und moduliere die Tonhöhe. Du kannst das auch gut mit den Silben „so, si, sa" durchführen. Wenn du das jetzt noch unter der Dusche machst, befeuchtest du gleichzeitig die Stimmbänder. Wenn du merkst, dass du beim Vortrag heiser wirst, solltest du versuchen, viel zu trinken und bestenfalls zu kürzen. Viel kannst du in solchen Situationen nicht machen. Aber du solltest dir im Nachgang überlegen, warum du heiser geworden bist. Hat dir ein Mikro gefehlt? Hast du es nicht richtig genutzt? Hast du dich nicht gut selbst gehört? Hast du deine Stimme vorher nicht aufgewärmt? Hast du an Stellen geschrien, die du so nicht geprobt hast? Überlege dir, was es gewesen sein könnte und was du beim nächsten Mal anders machen kannst.

Stimmhygiene

Eine Übung zur Reinigung der Stimme: Warmes Wasser wird mit einem Teelöffel Salz vermischt und anschließend gegurgelt. Das Salzwasser löst Schleim und befeuchtet die Schleimhäute.

Sprache

Um deine Sprache zu trainieren, solltest du, wie bereits beschrieben, möglichst oft laut lesen und offen sein viel auszuprobieren. Mein Lieblingstipp, um Dialekte zu lernen, habe ich von einer Schauspiellehrerin Mitte der Neunziger bekommen. Sie hat mir geraten Asterixhefte, die in Dialekte übersetzt worden sind, laut vorzulesen. Ich war nie ein Dialekt-Held, aber das hat sogar bei mir funktioniert.

Nachschlagwerke

Wenn du dich ohne weiteres Coaching verbessern willst, kann ich dir nur *Der kleine Hey* von Julius Hey empfehlen. Dieses Buch ist das Jahrhundertwerk der deutschen Sprecherziehung. Wer das einmal durchgelesen und geübt hat, weiß fast alles. Im Anhang habe ich eine Liste von weiteren Büchern aufgestellt, die ich alle als hilfreich empfunden habe.

Sprachaufnahmen

Im Gegensatz zum Stimmtraining würde ich beim Sprachtraining häufiger Tonaufnahmen zur Überprüfung nutzen. Auch wenn es sich in der Anfangszeit immer komisch anfühlt, sich selbst zu hören, wirst du schnell merken, was richtig und falsch klingt.
Mit Sicherheit kann ich dir mit den Stagehacks schon einige fundamentale Tipps mit auf den Weg geben. Für den Fall, dass du irgendwann noch tiefer in die Arbeit einsteigen möchtest, wirst du an einem längeren und kontinuierlichen Training und weiterem Unterricht nicht vorbeikommen. Aber die Grundlagen, die ich dir hier aufzeigt habe, werden dir schon viel helfen können.

Stimme und Sprache sind zwei unterschiedliche Fähigkeiten, die jedoch stark miteinander verknüpft sind. Beides solltest du getrennt und in Zusammenhang trainieren. Wärme die Stimme auf, nutze deinen Text als Trainingsgrundlage, kümmere dich um deine Stimme wie um einen Muskel (was das Stimmband auch ist).

Du solltest nicht an der Stimme und Sprache verzweifeln. Letztendlich sind beide nur Hilfsmittel, um deinen Inhalt, dem das Hauptaugenmerk gebührt, zu transportieren. Aber — wenn dich keiner hört, bringt auch dein Inhalt wenig. Daher investiere Zeit in die Übungen.

KAPITEL 4 Auftrittstechnik III – Körperhaltung

In den folgenden drei Kapiteln bespreche ich drei Auftrittstechniken, die alle Bereiche des großen Themas Körpersprache sind und zum Teil aufeinander aufbauen: Körperhaltung, Gestik und Mimik. Wenn die Körperhaltung das Fundament der Körpersprache ist, dann könnte man die Gestik als die mechanische und die Mimik als die emotionale Umsetzung des Textes verstehen.

So genanntes Power-Posing[3] – Brust raus, Kopf etwas hoch, Rücken gerade – wird in vielen Kulturen als Ausdruck einer selbstbewussten Person verstanden. Auch viele andere Grundhaltungen, Bewegungen und Gesten werden in verschiedenen Kulturen ähnlich interpretiert.[4] Allerdings gibt es auch einige Unterschiede in der Interpretation von Körpersprache zwischen Kulturen. Mein Vorschlag ist, dass du dir mit den Stagehacks eine Basis erarbeitest und dich bei Bedarf mit dem Thema der interkulturellen Kommunikationen weiterbildest.

Die Körperhaltung ist die Grundlage der nonverbalen Botschaft deines Auftritts. Die Körperhaltung füllt deinen Look – bestehend aus Aussehen, Kleidung, Maske und Frisur – mit Leben. Du kannst noch so schicke und coole Kleidung anziehen, wenn du dich nicht wohlfühlst und die Kleidung wie einen Fremdkörper und ohne Spannung trägst, bringt dir der ganze Look wenig. Wenn die Körperhaltung stimmt, reicht manchmal auch nur ein T-Shirt. Überleg einmal, mit welcher Grazie Balletttänzer und -tänzerinnen auftreten und was sie tatsächlich anhaben. Trotzdem solltest du dich nicht verrückt machen, denn nur mit Körperhaltung wirst du auch keinen Hit erzielen. Mit einem guten Text wirst du weiterkommen als nur mit Körperhaltung. Wenn aber beides stimmt, dann ist das noch besser.

Die Körperhaltung ist eine unterstützende Grundlagentechnik. Daher ist der einfachste Tipp auch der schwerste: mehr Sport und Bewegung. Regelmäßiger Sport oder auch Yoga werden dir sofort helfen, dich kontrollierter und präsenter zu bewegen. Ganz davon abgesehen, dass eine körperliche Fitness dir hilft, dich länger und besser zu konzentrieren. Ich kann immer nur auf die großen Auftritts- und Bühnenstars in der Welt verweisen: Da findest du erheblich mehr fitte als unfitte Menschen. Eine gute Körperhaltung basiert auf einem trainierten Körper und das geht nur mit regelmäßigem Training. Vielleicht hilft es dir, wenn du Bewegungstraining nicht als einen Ausgleich, sondern als einen Teil deines Jobs verstehst. Trotzdem musst du kein Hochleistungssportler oder -sportlerin sein, um deine Körperhaltung zu verbessern. Ich schildere dir jetzt drei Trainingsarten, die du gut auf die drei Gewerke Köperhaltung, Gestik und Mimik übertragen kannst.

Bewegungschoreografie

Der erste Schritt ist eine fest einstudierte Bewegungschoreografie. Du legst anhand des bestehenden Textes für einzelne Wörter und Textpassagen konkrete Haltungen, Gesten und Gesichtsausdrücke fest. Das funktioniert, wenn du dir Zeit lässt und bestenfalls mit Regie arbeitest. Meiner Erfahrung nach gehst du diesen zeitintensiven Weg vielleicht bei deinen ersten ein bis zwei Vorträgen, danach hast du aber selten genug Zeit für solch aufwendige Proben. Jedoch gibt es eine Möglichkeit, wie du diesen Weg weiterhin nutzen kannst. Erinnere dich an das Kapitel 3.1 Amateur vs. Profi und das Mindset der Wiederholung. Wenn du jedes Mal deinen Text änderst, wird es schwer, Körperhaltung und die passende Gestik zu optimieren. Wenn du aber bereit bist zu wiederholen, dann kannst du einen Text rein durch die permanente Wiederholung darstellerisch optimieren.

Auffüllen der Handlungsschublade

Zweitens: Nutze deinen Übungstext und trage ihn in verschiedenen Rollen vor, um deine Handlungsschublade zu füllen. Gut funktionieren große Emotionen sowie klischeehafte und bekannte Figuren. (Stolz, eitel, ängstlich, belehrend, der Oberchef oder die Oberchefin, der Schleimer oder die Schleimerin, der mutige Held oder Heldin, bekannte Stars oder Politiker oder Politikerinnen, etc.) Der Text ist nur Grundlage. Wichtig ist, dass du dir deine unterschiedliche Körperhaltung bewusst machst und die jeweilige Körperhaltung der neuen Rolle zulässt. Sei mutig und probiere alles aus. Du solltest in der Probe lieber über- als untertreiben. Allein durch diese Arbeit verbessert sich dein Körpergefühl und deine Wahrnehmung und du greifst bei Vortrag und Auftritt automatisch auf ein größeres Repertoire zurück.

Du kannst jetzt aber noch einen Schritt weitergehen. Überlege dir, welche Rollen bei der Bereitstellung der gewünschten Gesten besonders helfen könnten. In der Regel sind sympathische und selbstbewusste Rollen besonders hilfreich. (Deswegen funktionieren immer Figuren wie freundlicher Präsident oder Präsidentin oder Elder Statesman, helfender Arzt oder Ärztin oder auch konkrete Personen wie zum Beispiel Obama.) Wenn du jetzt auftrittst, denkst du nicht an deine Körperhaltung, sondern an die Rolle, die du gerne verkörpern würdest. Oft brauchst du diese Vorstellung nur für die Anfangssequenzen, um möglichst selbstsicher zu beginnen. Wenn es einmal läuft, hältst du auf Grund des Zuschauer-Feedbacks und des Auftrittsadrenalin automatisch deine Spannung – und es schaut auch keiner mehr so bewusst auf deine Körperhaltung, denn sie haben sich schon längst eine Meinung zu deiner Person gebildet (s. Kapitel 2.12 First Impression).

Feste Abläufe

Drittens: mechanische Abläufe. Das ist der einfachste Trick, der dir aber enorm helfen wird. Vier Begriffe solltest du dir merken: tief atmen, lächeln, Ruhe bewahren und geradestehen. Atme ruhig und tief, bevor du vor die Zuschauer oder auch dein Team trittst. Lächle, bevor du losgehst. Halte das Lächeln und geh an deine Position. Stell dein Gewicht auf beide Füße und richte dich bewusst auf. Lächle und warte eine Sekunde, bevor du anfängst zu sprechen. Nicht nur, dass deine Körperhaltung deutlich präsenter wird, dieses bewusste Aufsplitten der Gewerke hilft dir sofort, dein Auftritts-Timing zu verbessern (s. Kapitel 2.7 Timing & 2.12 First Impression).

Und noch ein Hinweis zum Abschluss: Gerade großgewachsene Menschen neigen dazu, sich kleiner zu machen, als sie sind. Oft führt das zu einer leicht gebeugten Haltung, die sofort zu fehlender Körperspannung führt. Denk dran: Wie groß du bist, kann man als Zuschauer oft gar nicht genau erkennen (s. Kapitel 1.8 Eigen- vs. Fremdwahrnehmung). Ich würde immer zu einer aufrechten und offenen Haltung raten. Wenn du dich kleiner machen möchtest, zum Beispiel in einer Talksituation, dann versuche es eher aus den Knien als mit einer gebeugten Haltung.

MERKE:

Die Körperhaltung ist dein optisches Tool, mit dem du deinen Look mit Leben füllst. Die Körperhaltung ist ein wichtiger nonverbaler Meinungsbildungsfaktor bei der Wahrnehmung deiner Persönlichkeit. Achte besonders zu Anfang deines Vortrags oder Auftritts auf Körperspannung und Haltung.

FAZIT:

Die Körpersprache zu ändern, ist einfach und schwer zu gleich, denn du trainierst sie, seit du ein Kind bist. Daher fühlen wir uns unwohl, wenn wir bekannte Verhaltensmuster verlassen. Aber es ist erlernbar und zu kaum einem anderen Thema gibt es so viel unterschiedliche Trainingsangebote (Sport, Yoga, Tanz).

KAPITEL 5 Auftrittstechnik IV – Gestik

Die Gestik ist die Weiterführung der Körperhaltung. Die Gestik zahlt ebenfalls auf deinen Gesamteindruck ein. Wenn du einen ruhigen und souveränen Stand einnimmst, sich deine Arme aber nie bewegen, kann das schnell als langweilig oder verhalten wahrgenommen werden. Wenn du stattdessen zu deinem ruhigen Stand noch klare Gesten einsetzt, wirst du schnell als Bühnenprofi wahrgenommen. Doch neben der Unterstützung der Körperhaltung kannst du die Gestik auch als ein Präsentationstool verstehen, das dir hilft, deine Botschaften hervorzuheben, zu visualisieren, und so wiederum den Zuschauern hilft, deiner Argumentation zu folgen.

Schwerpunkt der Gestik sind Hände und Arme, aber theoretisch kannst du auch sonstige Körperteile nutzen, um Texte zu visualisieren (stelle dir zum Beispiel einen Tritt vor). Der Einfachheit halber konzentrieren wir uns aber auf Hände und Arme. Erinnere dich an die Aussage: Die Gestik ist die mechanische Umsetzung unseres Textes. Unser Ausgangspunkt sollte es sein, ein Bewusstsein für Gestik zu entwickeln. Du bist schon einen großen Schritt weiter, wenn du merkst, dass du gerade nichts machst. Für die Wahrnehmung der Gestik hilft die ein oder andere Videoaufnahme. Schau dir die Aufnahme an und vergiss einmal, was du sagst und wie die Zuschauer reagieren. Beobachte deine Körpersprache und Gestik. Achte auf deinen Gesamteindruck und auf wiederkehrende Posen und Haltungen. Wichtig ist, dass du dich nicht von solchen Überprüfungen frustrieren lässt. Denn du siehst zuerst immer nur das, was dich stört. Mir geht es um die Sensibilisierung der Wahrnehmung deiner körperlichen Präsenz. Wenn du denkst, das passt doch: super, dann zum Kapitel 2.6 Mimik. Wenn du jedoch Optimierungspotential siehst, dann lies hier weiter.

In der Regel nutzen wir nicht die falschen Gesten, sondern zu wenige. Daher spielt es oft auch keine Rolle, welche Gestik du nutzt, solange du überhaupt eine nutzt und diese bewusst einsetzt. Natürlich kannst du auch die Arme einfach mal hängen lassen – solange du sie bewusst hängen lässt. Wenn sie nämlich leblos ohne jegliche Spannung einfach nur rumhängen, erkennen die Zuschauer das sofort.
Die drei grundlegenden Trainingsansätze habe ich dir schon vorgestellt.

Jetzt noch ein paar weiterführende konkrete Tipps zum

Thema Gestik.

Ablenkung & Notfall-Geste

Wenn du nicht weißt, was du mit deinen Händen machen sollst, nimm etwas in die Hand. Deswegen arbeite ich gerne mit einem Handmikrofon. Dieses Mikrofon muss ich immer vor meinen Mund halten. Dadurch hat diese Hand und der dazugehörige Arm immer etwas zu tun. Halte ich dann in der anderen Hand noch ein paar Karteikarten, sind automatisch beide Arme beschäftigt. Wunderbar. Wenn du gar nicht weißt, was du mit deinen Händen und Armen machen sollst, finde eine Notfall-Position. Du kennst bestimmt das berühmte Herz oder die Raute, die aus beiden Händen geformt wird. Diese Geste ist nicht super, aber besser als nichts.

Auffüllen der Handlungsschublade

Auch bei Thema Gestik kannst du auf den Trainingsansatz „Handlungsschublade auffüllen" zurückgreifen. Geh zuerst einmal deinen Übungstext durch und versuche diesen Text mit so vielen Gesten wie möglich zu untermalen. Du kannst ihn auch gerne mehrmals bewusst durchlesen, denn beim Lesen fallen dir oft Wörter auf, die du beim freien Vortragen häufig übersiehst. Überlege dir neue Gesten. Du wirst dich wundern, wie viele Wörter und auch Passagen du mit Gesten untermalen und beschreiben kannst.

Starke Stichwörter

Stichwörter, die du später gut nutzen kannst, sind u.a. Aufzählungen (erstens, zweitens, drittens oder heute, gestern, in der Zukunft). Gut funktionieren auch Richtungshinweise („Ich bin gestern aus …

gekommen", „Wenn wir weiterkommen wollen, …"). Und natürlich motivatorische Gesten (zusammen, mit voller Kraft, gemeinsam, wenn wir wollen, etc.). Versuche im nächsten Schritt die Gesten einmal deutlicher, bewusster und größer auszuspielen. Du wirst erstaunt sein, wie lang deine Arme und wie groß Gesten werden können.

Finetuning

Ich werde oft gefragt, ob man seine Hand während eines Vortrags in die Tasche stecken darf. Warum denn nicht, wenn es zur Situation und Rolle passt? Ich würde in vielen Situationen so nicht anfangen, aber bei längeren Vorträgen und Gesprächen oder wenn du besonders locker und cool rüberkommen möchtest, ist das kein Problem. Ich beschreibe dir jetzt noch eine Detailübung, die dir zeigen soll, wie viel mehr Feintuning bei allen deinen Gesten noch möglich ist. Versuche möglichst unterschiedliche Arten zu finden, wie du deine Hand in die Hosentasche stecken kannst: ganze Hand, nur Daumen in der Tasche, geballte Faust, locker oder abgelegt? Stell dich hin und probiere das aus. Wenn du keine Hose trägst, überlege dir, was deine Lieblingsbühnenkleidung ist. Zieh sie an und probiere aus, wo und wie du deine Hände abstützen kannst. Solche Übung helfen, früh antrainierte Patterns aufzubrechen und neue Gesten hinzuzufügen.

Umsetzung auf neue Texte

Lese deinen aktuellen Text zuerst durch. Markiere dir auffällige Passagen. Im nächsten Schritt versuchst du, so viele Gesten beim freien Vortragen einzusetzen, wie es dir möglich ist. Du darfst in der Probe ruhig übertreiben, aber stress dich nicht, wenn dir nicht sofort viel einfällt. Mit jedem Durchgang wird es einfacher. Und nach und nach wirst du merken, dass du manche Passagen immer wieder ähnlich unterstreichst. Merke dir die passenden Passagen oder die entsprechenden Wörter. Sobald du auftrittst, konzentriere dich wieder auf deinen Inhalt und dein Publikum und vertraue darauf, dass die neuen Bewegungen abgespeichert sind. Denk immer an den Tipp aus Kapitel 2.4 Körperhaltung: Tief atmen, lächeln, Ruhe bewahren und geradestehen – dann stellt sich auch die verbesserte Gestik ein.

Da du deine Körpersprache von klein an trainierst und du sie daher schon früh verinnerlicht hast, musst du neue Bewegungsabläufe ganz bewusst in Proben ausprobieren. Nutze deinen Übungstext, um deine Bewegungsschublade zu erweitern. Überlege dir, welche Begriffe gut als Auslöser für Gesten genutzt werden können.

Gestik ist nicht nur die Erweiterung deiner Körperhaltung, du kannst sie auch als ein bewusstes Erzähltool nutzen. Eine kontrollierte und bewusste Gestik signalisiert: Hier steht eine echte Bühnenpersönlichkeit.

KAPITEL 6 Auftrittstechnik V – Mimik

Mit dem Thema Mimik kommen wir jetzt zum Finetuning der Körpersprache. Mimik beschreibt den Einsatz von Gesichtsausdrücken, um Emotionen und Absichten auf nonverbaler Ebene zu vermitteln. Immer wenn ich über Mimik spreche, muss ich an Mr. Spock (Enterprise) und seine hochgezogene Augenbraue denken und an unzählige Krimis, in denen FBI-Agenten versuchen, die Mimik ihrer Gegenspieler zu lesen. Viele dieser Szenen berufen sich auf das Buch *Die Macht der Körpersprache* des ehemaligen FBI-Agenten Joe Navarro: „Wenn du nach links oben schaust, dann denkst du dir gerade etwas aus. Wenn du jedoch nach rechts oben schaust, dann verheimlichst du vermutlich etwas." Wie oft habe ich in Filmen überlegt, wo rechts und links ist …

Tatsächlich kannst du die Mimik als ein Spiegelbild deiner Gedanken und Emotionen verstehen.[5] Mimik kann Vorträge lebendiger und glaubwürdiger erscheinen lassen, sie kann aber auch deine Unsicherheiten und Nervosität verraten. Doch auch wenn wir unsere Mimik von Kindheit an trainieren und verinnerlichen, kannst du Mimik kontrollieren und später noch verändern. Du kannst sogar große Gesichtsausdrücke wie die eben angesprochene hochgehobene Augenbraue von Mr. Spock erlernen. Dazu musst du zuerst die einzelnen Gesichtsmuskeln erfühlen und im nächsten Schritt lernen, sie isoliert anzusteuern. So kannst du lernen, mit den Ohren zu wackeln oder wie der alte Punkrocker Billy Idol einen Mundwinkel hochzuziehen und vielleicht sogar wie Jim Carrey deine Körpersprache und Mimik zu einem grundlegenden Stil deiner Arbeit werden zu lassen. Aus eigener Erfahrung kann ich dir aber sagen, dass du so etwas in der Regel nur erlernst, wenn du sehr jung bist. Denn nur dann hältst du es für eine lebensnotwendige Idee, sechs Monate lang zwei bis drei Stunden am Tag das Anheben einer einzelnen Augenbraue zu trainieren. Die Frage, die du dir realistisch stellen solltest: Brauchst du diese ausgefeilten Fähigkeiten für das Vortragen der Ergebnisse deiner Gruppenarbeit oder der aktuellen Quartalsergebnisse eines Unternehmens? Wahrscheinlich nicht. Was du für Vorträge und Auftritte aber gut nutzen kannst, ist ein Grundverständnis der Mimik. Wann und in welchen Situationen du besonders auf deine Mimik achten solltest und welche mimischen Ausdrucksmöglichkeiten deinen Inhalt am besten unterstützen, kannst du trainieren.

Bei der Kameraarbeit gebührt der Mimik aufgrund der oft sehr nahen Einstellungen eine besondere Aufmerksamkeit. Ich gehe auf diesen Punkt in den Kapiteln Kameraarbeit (2.16 – 2.18) noch einmal detaillierter ein. Da jedoch mittlerweile viele Vorträge entweder parallel gestreamt oder auf Leinwänden gespiegelt werden, solltest du immer damit rechnen, dass die Zuschauer deine Mimik sehr genau beobachten können.

Doch auch bei normalen Livepräsentationen ohne Kamera solltest du deine Mimik nicht aus dem Auge verlieren. Die Bedeutung der Mimik nimmt sogar mit Dauer eines Votrags oder Auftritts zu. Zu Beginn deines Auftritts und Vortrags achtet man noch sehr auf das große Ganze, wie Körperhaltung, Aussehen und Stimme (s. Kapitel 2.12 First Impression). Je länger der Vortrag oder das Gespräch dauert, umso mehr tritt deine Mimik in den Beobachtungsfokus, denn die Zuschauer oder Gesprächspartner versuchen dich – ähnlich wie die Agenten – zu lesen. Stimmt das, was du sagst? Glaubst du selbst daran? Wie überzeugt bist du? Beobachte einmal, wie du anderen zuhörst und ob sich dein Beobachtungsfokus ändert.

Und schließlich gibt es noch viele Gesprächssituationen, in denen du auch dann beobachtet wirst, wenn du nicht sprichst. Denke nur einmal an Talkrunden (s. Kapitel 2.17 Aufzeichnungsstile), Gruppenpräsentationen oder Gruppensitzungen an großen Konferenztischen. In diesen Situationen ist die Mimik dein großes (nonverbales) Kommunikationstool. Welche Gesichtsausdrücke stehen dir also zur Verfügung? Welche helfen dir, welche solltest du gegebenenfalls auch ausschalten können und welche lassen deine Wirkung hervorheben?

Beobachtung

Beginnen wir zuerst mit der Beobachtung von anderen Menschen. Dies soll dir helfen, zu verstehen, wann und wie Mimik in der tagtäglichen Kommunikation eine Rolle spielt. Beobachte zuerst Menschen in echten Situationen. Sind es Gesten oder ist es das Gesicht, das dir ein Gefühl gibt, worüber diese Personen gerade sprechen? Beobachte als Nächstes, wie Schauspieler und Schauspielerinnen

Mimik in Filmen oder Serien nutzen. Wem nimmst du die Rolle ab und wem nicht? Gibt es Unterschiede zu realen Situationen? Und schau dir dann auch noch Nachrichten- und Talksendungen an. Achte nicht nur auf die sprechenden Personen, sondern auch auf die Gäste und Moderatoren, wenn sie zuhören. Schau dir ihre Gesichtsausdrücke an und versuche zu interpretieren, welche Emotionen und Meinung sie ausdrücken.

Im zweiten Schritt beobachte dich einmal im Spiegel. Jetzt hilft es dir, wenn du deinen Übungstext auswendig vortragen kannst. Beobachte beim Vortragen deinen Gesichtsausdruck. Wann ändert er sich? Welche Wörter, Emotionen oder Handlungsaufforderungen könnten die unterschiedlichen Gesichtsausdrücke ausgelöst haben?

Auffüllen der Handlungsschublade

Als Nächstes solltest du deine Handlungsschublade auffüllen. Trage dazu den Text (wieder vor dem Spiegel) in unterschiedlichen Emotionen vor. Für diese Übung brauchst du keine Schauspielausbildung, du solltest dich einfach nur trauen, es zu probieren. Sei einmal freundlich, dann wütend und probiere dann den Text mit einer gewissen Überheblichkeit vorzutragen. Wahrscheinlich passieren drei Dinge. Deine Mimik wird sich jeder Emotion anpassen, zusätzlich wird sich auch noch deine Körperhaltung ändern und wahrscheinlich wirst du auch unterschiedlich laut und schnell sprechen. Merke dir Körperhaltung, Gestik und mögliche neue Gesichtsausdrücke.

Ich empfehle dir, bewusst eine Sammlung von Gesichtsausdrücken anzulegen, die du in Vorträgen und für Auftritte gut einsetzen könntest. Was du immer brauchst, ist ein freundliches, sympathisches Lächeln. Wie sieht das bei dir aus? Lächelst du mit geschlossenem oder offenem Mund?

Welchen Gesichtsausdruck könntest du aufsetzen, wenn du Fragen stellst? Überprüfe deine Mimik beim Fragenstellen. Male dir aus, wie du die Frage freundlich und interessiert äußerst. Dein Gesichtsausdruck wird sich sofort ändern.

Hast du ein interessiert zuhörendes Gesicht? Überlege dir, wie du aussehen möchtest, während andere sprechen und du beobachtet wirst. Welchen Gesichtsausdruck möchtest du nutzen, wenn du kritisiert oder verbal angegriffen wirst? Und was du auch im Repertoire haben solltest, ist ein „Sicherheitsgesicht". Wie schaffst du es, freundlich und offen zu schauen, wenn du in Wahrheit gerade intensiv nachdenkst (s. Kapitel 2.7 Timing)?

Umsetzung

Da die Mimik so fest in deiner Persönlichkeit verankert ist, musst du sehr intensiv proben, um die entsprechenden Gesichtsausdrücke choreografisch genau in deine Vorträge einzubauen. Ich würde dir daher eher zu dem von mir beschriebenen intuitiven Weg raten. Da ich Mimik als die emotionale Umsetzung und Untermalung des Textes beschrieben habe, würde ich deine Texte immer auf emotionale Stellen überprüfen. Auch Zahlen können eine emotionale Botschaft enthalten, zum Beispiel besonderes gute oder besonders schlechte Werte.

Überlege dir jetzt, an welchen Stellen du die Zuschauer bewusst und mit welcher Haltung ansprechen möchtest. Freust du dich wirklich, dass sie da sind? Wenn ja, dann sag es nicht nur – glaube daran und strahle es aus. Möchtest du deine Sorgen teilen, dann überlege dir, wie aggressiv oder traurig du dabei sein möchtest. Oft reicht es schon, dass du dir deine Wünsche und Ziele klarmachst (s. Kapitel 1.6 Zieldefinition) und den Rest übernimmt deine Mimik und Körperhaltung von selbst.

Bei der Textprobe könntest du jetzt Stichwörter für deine Gefühle oder möglichen Reaktionen notieren, zum Beispiel „Sei nett zum Publikum", „Steh zu deiner Botschaft" oder „Neugierig gucken", und setze Vermerke, wann du konzentriert zuhören solltest.

Sobald es zum Auftritt kommst, solltest du dich wieder um die vorrangigen Aufgaben eines jeden Auftritts und Vortrags kümmern: den Inhalt und dein Publikum. Lass dich auf deine Zuschauer ein. Wenn du bewusst mit Menschen kommunizierst und sie auch wahrnimmst, wird deine Mimik diese Offenheit ausstrahlen. Und jetzt vertrau auf dein durch die Proben erweitertes Repertoire. Doch egal, was passiert: Im Zweifel lieber einmal zu viel lächeln als zu wenig.

MERKE:

Versuche jeden Text zu deinem Text zu machen. Je mehr du den Text verinnerlichst, umso weniger musst du nachdenken, wie du ihn ausspielst und interpretierst. Wahre Gefühle und Emotionen musst du nicht spielen. Du musst sie nur in der Vorbereitung finden.

FAZIT:

Mimik unterstützt die nonverbale Kommunikation deines Auftritts oder Vortrags. Sie kann deinen Vortrag oder Auftritt mit Leben erfüllen und deine Glaubwürdigkeit verstärken. Deine Mimik kann aber auch verraten, dass du unsicher und unkonzentriert bist. Weil Mimik ein so tiefverwurzelter Teil deiner Persönlichkeit ist, solltest du dich mit diesem Thema in aller Ruhe beschäftigen.

KAPITEL 7 Auftrittstechnik VI – Timing

Wir kommen zur Königsdisziplin der Bühne, nämlich zum Timing. Man erzählt sich in Profikreisen, dass es pro Jahrzehnt höchstens zehn Künstler oder Künstlerinnen gibt, die das perfekte Timing besitzen. Diese Aussage zeigt wieder einmal, wie viele Gerüchte und ungesicherte Informationen zu dem Mythos Bühne und Auftritt verbreitet werden – als ob zehn Personen das perfekte Timing hätten.

Sicherlich ist Timing eine begnadete und hohe Kunst und es ist nicht einfach, Timing zu trainieren. Aber es ist erlernbar, denn das habe ich selbst miterlebt. Was du brauchst, ist – wie der Name es sagt – etwas Zeit. Das Thema Zeit hat im Umfeld von Vorträgen, Auftritten und Aufzeichnungen tatsächlich mehrere Facetten. Ich konzentriere mich auf vier große Bereiche: Zeitwahrnehmung, Zeitmanagement, Dramaturgie und Auftrittstiming. Die Zeitwahrnehmung beschäftigt sich mit der Frage, wie die beteiligten Personen die Zeit subjektiv wahrnehmen. Zeitmanagement beschäftigt sich u. a. mit der Herausforderung, den gesamten Auftrittsevent mit Anfahrt, Probe, Auftritt bis zur Abfahrt zeitlich im Blick zu behalten und den persönlichen Energiefluss zu kontrollieren. Dramaturgie ist das Makromanagement der Bühnenzeit und das Auftrittstiming – was wir meistens als DAS Timing bezeichnen – ist das Mikromanagement der Zeit. Unter Auftrittstiming verstehe ich die Fähigkeit, durch dein Spiel mit Tempo und Pausen deine Botschaften und Geschichten möglichst spannend, überraschend und fesselnd zu erzählen. Das heißt, wenn es um die Frage des Auftrittstiming geht, dann sollte es immer dein Ziel sein, aus jedem Satz oder Abschnitt das Beste herauszuholen und Szenen perfekt auszuspielen. Aber wenn du später alle Parts in der Gesamtheit betrachtest, kann es wiederum sein, dass du einzelne Passagen für die Optimierung des Gesamtwerkes schneller oder kürzer ausspielen solltest, als du es im Einzelnen geprobt hast. Die Kontrolle des Gesamtwerkes ist vereinfacht ausgedrückt die Aufgabe der Dramaturgie. Die Dramaturgie beschäftigt sich mit der Gesamtdauer und dem Aufbau und Kontrolle der großen Erzähl- und Spannungsbögen (s. Kapitel 2.14 Struktur & Dramaturgie).

Das kapitelübergreifende Thema Zeitmanagement wird dementsprechend auch in anderen Kapiteln (s. Kapitel 3.2 Moderationsaufgaben & 4.1 Gesamtverständnis) immer wieder zur Sprache kommen. Schwerpunkt dieses Kapitels ist jedoch das Thema Auftrittstiming – also DAS Timing. Das Thema Zeitwahrnehmung möchte ich aber vorher kurz ansprechen, denn es ist Grundvoraussetzung für die Umsetzung des Auftrittstimings.

Subjektives Zeitgefühl

Du solltest dir klarmachen, dass du AUF und VOR der Bühne ein subjektiv unterschiedliches Zeitgefühl hast. Sitzt du VOR der Bühne, denkst du häufig: „Jetzt mach doch mal langsam, ich muss deinen Inhalt erst einmal verstehen. Außerdem will ich sehen, wie du aussiehst." Stehst du aber AUF der Bühne, dann denkst du vermutlich recht häufig: „Ich sollte mal besser Gas geben. Das Publikum reagiert ja überhaupt nicht. Die hören ja nur zu. Bevor die aufstehen, ziehe ich besser das Tempo an."

Vielleicht hilft es dir, wenn du dir klarmachst, dass du als vortragende Person immer einen Wissensvorteil hast. Du kennst den Text und weißt, welcher Satz und Gedanke als Nächstes kommt. Aber die Menschen, die dich beobachten, hören das Ganze zum ersten Mal und müssen deinen Inhalt und dich als Person inklusive aller Rahmenbedingungen erst einmal verarbeiten. Und damit sind wir auch schon beim ersten Geheimnis des Auftrittstiming: Spiel mit dem Zeitgefühl der Zuschauer und nicht mit deinem.

Pausen

Gib den Zuschauern die notwendige Zeit (Pause), dass sie deinen Gedanken folgen können und gib ihnen Zeit zum Lachen oder Klatschen. Pausen sind die Bausteine, aus denen Timing gebaut wird. Pausen sind die imaginären Ausrufezeichen des Vortrags und verstärken deine Botschaft. Pausen stören nie, außer du sagst: „Ich habe den Text vergessen." Wenn du jedoch, während du in deinem Gedächtnis nach der vergessenen Textpassage suchst, nicht den Blackout ansprichst, sondern dich stattdessen zwingst, die Pause mit einem coolen Lächeln zu füllen, denken die Zuschauer: „Da ist aber jemand souverän und ruhig."

Das Finden von Pausen

Wo sind die Pausen versteckt? Der einfachste Trick ist das Nutzen von Satzzeichen. Nach einem Punkt solltest du auch einen Punkt (Pause) setzen. Ein Ausrufezeichen ist ein Ausruf, der erst einmal durch den Raum schallen sollte. Ein Fragezeichen sollte wie eine Frage gelesen werden. Und wenn du eine Frage stellst und sei es eine rhetorische Frage, dann gib den Zuschauern Zeit, dass sie die Frage (und auch die rhetorische Frage) theoretisch beantworten können. „Geht es uns nicht allen so?" Überlege einmal, wie lange du auf eine solche Frage reagieren würdest. Was denkst du und wie lange? „Ja, stimmt. Ja genau." Oder: „Ne, das ist doch Quatsch. Das sehe ich ganz anders."
Als Nächstes nimmst du dir deinen Übungstext oder aktuellen Vortrag zur Hand und suchst die Stellen raus, die du betonen möchtest. Wo ist eine Botschaft oder eine Aufforderung versteckt? Versuche einmal die Stellen mit einer Pause hervorzuheben.

Aushalten

Und damit sind wir bei dem wichtigsten Begriff des Timings angekommen, dem „Aushalten".
Viele gute Künstler, Künstlerinnen und alle rhetorisch gut trainierten Menschen schaffen es, Pausen fast unendlich lang zu ziehen. Ein gutes Beispiel ist Barack Obama. Schau dir seine politischen Reden an und wie lange er Pausen aushält. Dieses Aushalten kannst du auf viele Bereiche des Vortrags oder Auftritts übertragen. Du solltest Unruhe aushalten und nicht immer sofort reagieren, sondern Ruhe und Souveränität ausstrahlen. Halte unfreundliche Gesichter aus und schau einfach woanders hin.

Ich weiß, dass es super schwer ist, auf einer Bühne oder vor der Kamera Ruhe zu bewahren und nichts zu tun. Am liebsten hätten wir einen permanenten Feedback-Kanal auf dem Ohr, der uns sagt, ob das Publikum uns mag und uns als gut oder schlecht empfindet. Aber sieh es mal so: Nicht du brauchst das Publikum, das Publikum braucht dich. Die Zuschauer wollen wissen, was passiert. Die wollen wissen, was wichtig ist und wohin die Reise weitergeht. Vergiss dein Ego und kümmere dich vielmehr um dein Publikum.

Pausen füllen

Wie füllst du diese für dich in der Anfangszeit oft unangenehmen Pausen? Die Handregel lautet: Immer, wenn du denkst, es reicht, halte noch zwei Sekunden länger aus. Es funktioniert, wenn du einfach nur deinen Gesichtsausdruck beibehältst. Vermutlich wird es dir jedoch leichter fallen eine Pause zu setzen, wenn du verstehst, wie du die Pause mit Leben füllen kannst. Diesbezüglich stehen dir zwei große Tools zur Verfügung. Du kannst die Pause mit deinen Gedanken füllen oder die Pause nonverbal (act-out) ausspielen. Genaugenommen ist auch das Ausfüllen der Pause mit deinen Gedanken schon eine Art des Act-outs, aber eher auf der mimischen und weniger auf der darstellerischen Ebene. Das Thema „Act-out", das Ausspielen kleiner szenischer Momente spreche ich im nächsten Kapitel (s. Kapitel 2.8 Act-out) kurz gesondert an.

Bleiben wir beim gedanklichen Füllen der Pause. Nimm zum Beispiel den Satz: „Was hätte alles passieren können, wenn er/sie an diesem Tag diese Entscheidung nicht getroffen hätte?" Überleg dir einmal, was dann alles hätte passieren können – es wäre nicht zu dem Unfall gekommen. Dann hätte er/sie nicht diese Idee gehabt. Dann hätten sie sich nicht getroffen. Dann würden wir jetzt hier nicht sitzen.
Und jetzt sprich im nächsten Schritt dein imaginäres Publikum an (s. Kapitel 2.1 Warum und wie proben) und geh die möglichen Antworten gedanklich durch, bevor du weiterreden würdest. Was wird passieren? Vermutlich wirst du so die Pause viel länger aushalten. Möglicherweise wirst du mit jedem Gedanken deine Blickrichtung ändern und wahrscheinlich wird sich deine Mimik ändern. In der Praxis musst du später eher versuchen, deine Mimik zu kontrollieren, als sie zu suchen.

Rhythmus erlernen

Timing bedeutet jedoch nicht nur, Pausen zu halten. Timing ist im finalen Schritt Rhythmusarbeit. Es ist das Spiel mit dem Tempo. So wichtig Pausen auch sind, manchmal muss du einfach den Inhalt vorantreiben. Pausen sind oft für das Auflösen eines Gags, einer Geschichte oder einer Botschaft notwendig. Wie bei der Dramaturgie solltest du auch im Kleinen für Überraschung sorgen und das Tempo variieren, damit du und deine Geschichten nicht durchschaubar werden.

Um den Gesamtrhythmus zu verbessern, solltest du deinen Text wirklich verstehen. Wann werden einfache Informationen geliefert, wann müssen die Zuschauer deine Gedanken verstehen, wie lange brauchen sie, bis sie dir wieder folgen können? Alles Fragen, deren Beantwortung dir hilft, einen Erzählrhythmus aufzubauen. Und du kannst diese Erkenntnisse auf jede Form des Vortrags oder Auftritts anwenden. Es spielt keine Rolle, ob du Zahlen präsentierst, einen Stand-up-Auftritt vorbereitest oder eine emotionale Geschichte erzählst.

Probe von Timing

Gerade mit Hinblick auf das Thema Timing ist die Visualisierung von Auftrittssituationen für die Probe enorm wichtig. Stell dir nicht nur vor, wie die Zuschauer aussehen, sondern auch, wie lange sie brauchen, um dich und deine Gedanken zu verstehen. Diesen Visualisierungsansatz solltest du durch den gesamten Probenablauf mitnehmen. Du solltest in Feedbackrunden immer wieder auf deinen letzten Auftritt zurückblicken. Wo hat das Tempo oder die Pause funktioniert? Wo könntest du noch etwas mehr Ruhe zulassen? Und wo hast du übertrieben? Das ist eine Frage, die im Laufe deiner Erfahrung immer wichtiger wird. Denn es gibt auch Phasen, wo du anfängst, dich in deine Pausen zu verlieben und es möglicherweise mit dem Ausspielen übertreibst – aber dann bist du schon so weit, dass du das Tempo auch wieder zurückdrehen kannst – insofern du dein Publikum wahrnimmst.

Kameraarbeit

Das Timing wird bei der Kameraarbeit oft durch den Schnitt aufgelöst. Durch das Schnitttempo und die Zusammenstellung der Bilder kann man das Tempo von Dialogen auch später noch verändern. Was man aber nur schwer ändern kann, sind deine Blicke. Bei der Kameraarbeit liegt dein Timing-Schwerpunkt zum größten Teil in der Mimik. Was dir immer hilft, ist ein besonderes Maß an Ruhe und dass du nicht einfach in eine Kamera schaust, sondern dir wie eben besprochen die entsprechenden Gedanken zu dieser Einstellung durch den Kopf gehen lässt. Glaube mir, dein Ausdruck wird ein komplett anderer sein, wenn du denkst: „Wow, das ist echt ein großes Monster!", als wenn du drüber nachdenkst, was du gleich noch einkaufen musst.

Verstehe, dass die Zuschauer eine andere Zeitwahrnehmung haben als du. Versetze dich in dein Publikum und nimm dir Zeit. Aber werde nicht langweilig, sondern spiel mit dem Tempo. Einer der Schlüsselbegriffe des Timings lautet „Aushalten".

Timing, das Spiel mit der Zeit, hat auf der Bühne viele Facetten. Aber wenn wir von Timing sprechen, meinen wir in der Regel das Auftrittstiming. Das Erlernen von Timing braucht Zeit, Vorstellungskraft und regelmäßige Feedbackrunden. Timing hilft dir nicht nur deine Botschaften zu verankern, sondern ist eine der Schlüsselfähigkeiten, um dich als souveräne Bühnenpersönlichkeit erscheinen zu lassen.

KAPITEL 8 Auftrittstechnik VII – Act-out

„Act-out" ist ein Begriff, der in der Bühnentechnik verwendet wird, um das szenische Ausspielen von kleinen Textpassagen oder Begriffen zu beschreiben. Es geht darum, den Text oder Begriff durch körperliche Darstellung, Gestik, Mimik, Bewegung und stimmliche Ausdruckskraft lebendig und anschaulich zu machen.

Du musst keine Sorge haben, dass ich jetzt von dir erwarte, Vorträge szenisch auszuspielen. Aber wenn du häufiger vorträgst, wirst du fast automatisch kleine Anekdoten und Geschichten einbauen. Das ist die von mir schon mehrmals beschriebene Kraft der Wiederholung. Einige konkrete Spieltipps habe bzw. werde ich immer wieder in den einzelnen Kapiteln einstreuen. Je sicherer du wirst, umso lebendiger wirst du diese Geschichten erzählen. Für Übungszwecke habe ich einige kleine Spiel- und Trainingsvariationen zusammengestellt, die du immer mal wieder proben kannst.

Telefonat

Eine der einfachsten Übungen ist das Telefonat. Spiel ein Telefonat mit Kindern, Partner oder Partnerin, Kollegen oder Eltern nach. Überleg dir, was die andere Person antwortet. Achte auf deine Mimik und dein Reaktionstiming.

Dialoge

Du wirst bestimmt schon einmal Gesprächssituationen beschrieben haben, die du beobachtet hast. Versuche das Gespräch nicht zu beschreiben, sondern spiel es nach. Geh in die zwei Personen und improvisiere mit Stimme, Sprache, Dialekt und Tempo. Probiere es einfach einmal. Das geht meistens schneller, als du denkst. Oft nimmst du dann später für deinen Vortrag nur einen Satz oder eine Bemerkung als Essenz der Situation. Aber wenn du lernst, mit solchen kleinen Elementen zu arbeiten, wirst du schnell auf einem neuen Vortragslevel ankommen.

Bewegungsszenen

Beim Thema Körpersprache habe ich dir erste Tipps gegeben, wie du Sätze, Wörter oder Gefühle mit Gestik und Mimik untermalen kannst. Manchmal brauchst du die Gesten nur noch einen kleinen Schritt weiter in eine Bewegung führen, und schon bist du im szenischen Spiel angekommen. Nimm zum Beispiel die Passage: „Es war so voll. Überall waren Menschen." Du kannst diesen Satz mit Gesten untermalen. Du kannst aber auch mit deiner Mimik ausdrücken, was du von dieser Situation hältst. Du kannst die Situation im nächsten Schritt aber auch ausspielen, zum Beispiel wie alle drängeln und du nicht weißt, wie du weiterkommst und wo du dich hinstellen sollst.

Ausgespielte Blicke/Takes

Genauso, wie du Gesten zu Bewegungen weiterentwickeln kannst, kannst du die Mimik nicht nur als Untermalung nutzen, sondern nur mit Blicken kleine Szenen spielen. So könntest du versuchen, dir ansehen zu lassen, wie ein Gedanke oder eine Erkenntnis langsam in dir reift. „Was kann das für uns alle bedeuten?" Oder: „Und damit geht der Award an dich." Versuch einmal die Verarbeitung dieser Aussagen nicht nur mit einer Reaktion auszudrücken, sondern als eine Entwicklung von drei bis vier Schritten: „Wer? Ich? Wirklich? Das glaube ich nicht. Doch. Wahnsinn. Ich bin so überrascht. Einfach nur super." Das sind sogar neun Schritte, die du nur mit Mimik ausdrücken kannst. Durch die Aneinanderreihung entsteht jetzt ein Mimik-Daumenkino.

Dieses bekannte Spiel mit der Mimik wird mit dem Begriff „Take" oder „Doubletake" beschrieben. Es ist eine der am häufigsten eingesetzten Techniken der Physical Comedy. Der „Take" ist ein abrupter Wechsel im Ausdruck des Gesichts, der deine Verblüffung oder Erstaunen verdeutlicht. Du schaust etwas oder jemanden an und erkennst zuerst nicht, was passiert ist. Daher schaust du wieder ganz normal ins Publikum oder in die Kamera. Jetzt fängt „dein Gesicht" an zu denken. Du schaust noch einmal hin und dir wird klar, was gerade passiert ist – und erst jetzt reagierst du verblüfft. Der „Double Take" ist eine Variation des „Takes" und überzeichnet die Situation noch einmal. Clowns nutzen es ständig, aber auch in alten Screwball-Komödien wird es häufig eingesetzt. Auch wenn du dieses extreme Reagieren selten in Vorträgen einsetzen wirst, hilft es, ein Verständnis für das Ausspielen zu entwickeln – und es macht Spaß zu lernen.

MERKE:

„Act-out" ist ein Sammelbegriff für eine Vielzahl von Techniken, die dir helfen, Textpassagen oder Begriffe auf der Bühne spannender und emotional erfahrbarer darzustellen.

FAZIT:

All diese Techniken sind nur Hilfsmittel, um deine Botschaft zu unterstützen. Dein Ziel sollte es immer sein, dein Publikum zu fesseln und zu überzeugen. Oft reicht es, dass DU weißt, dass du es kannst. Das Geheimnis ist wie beim Timing die richtige Dosierung.

KAPITEL 9 Auftrittsprobe I – Glaubwürdigkeit

Mit der Auftrittsprobe trittst du jetzt in eine der wichtigsten Phasen der professionellen Bühnenarbeit ein. Ab diesem Moment geht es nicht mehr darum, einen Text vorzutragen, sondern vielmehr ein Gesamtkunstwerk – deine Nummer oder deinen Vortrag – zu präsentieren. Der Text muss zur Selbstverständlichkeit werden und Techniken wie Körperhaltung, Gestik, Mimik, Stimme sind nur noch Verstärker deiner Botschaft.

Doch auch die Auftrittsprobe solltest du dir eher als einen Probenabschnitt und weniger als eine einzelne Probe verstehen, denn auch innerhalb dieser Phase gibt es noch einige unterschiedliche Schritte. In der Praxis vermischen sich jedoch die unterschiedlichen Phasen und Abläufe schon sehr früh. Je häufiger du auftrittst, umso so früher überschneidet sich die Textlernphase mit der eigentlichen Auftrittsprobenphase, da du schon während des Textlernens direkt über die darstellerische Umsetzung und mögliche Reaktionen des Publikums nachdenkst. Doch um die einzelnen Gewerke besser zu trainieren, ist es in der Anfangsphase sinnvoll, sich auf Einzelgewerksproben zu konzentrieren und erst in der finalen Probenphase alles zu einem Gesamtkunstwerk verschmelzen zu lassen.

Zwei große Gesichtspunkte spielen bei der Auftrittsprobe eine besondere Rolle. Zum einen das Thema Glaubwürdigkeit und im zweiten Schritt das Thema Publikumsorientierung. Beginnen wir mit dem Thema Glaubwürdigkeit.

Gehe zunächst zurück zu den Anfängen deiner Arbeit. Was ist die Grundidee und die Botschaft des Textes? Was willst du vermitteln? (Zum „Was will ich erreichen" kommen wir später.) Stell dir jetzt die Frage, ob du wirklich an deinen Text glaubst. Diese Frage kannst du dir nicht nur bei einer Comedynummer oder einem politischen Aufruf stellen; selbst wenn du nur Zahlen und Ergebnisse präsentierst, kannst du dich fragen, ob die Zahlen stimmen und wie du diese Ergebnisse bewertest. Wenn du sie als spannend oder erfolgreich ansiehst, dann brauchst du oft nichts anderes tun, als genau dies auch auszusprechen. Wenn du an etwas glaubst oder es als gut oder schlimm empfindest, dann sieht man es dir in der Regel sofort an. Trau dich, deine Gefühle zuzulassen und auch auszusprechen. Und dieser Eindruck, den du dann vermittelst, wird oft mit Glaubwürdigkeit beschrieben.

Natürlich kannst du diese Glaubwürdigkeit auch ausstrahlen, wenn du nicht an den Text glaubst, aber dann musst du verdammt gut sein und alle Techniken verstehen und beherrschen. Genau das ist die Fähigkeit großer Schauspieler oder Schauspielerinnen. Du glaubst ihnen die Rolle, obwohl du weißt, dass sie in Wahrheit Schauspieler und keine Superhelden oder Verbrecher oder einsame Singles sind. Und damit sind wir bei einem der wesentlichsten Ansätze meiner Arbeit angekommen. Mein Credo lautet: Content is King. Diesen Satz hast du bestimmt schon einmal von mir gehört 😊.

Der Text ist die Grundlage deiner Glaubwürdigkeit. Wenn du an ihn glaubst, dann sei ehrlich. Wenn du an die Botschaft glaubst, aber nicht an den Text, dann schreibe ihn um.

Wenn du einen Text vortragen musst, an den du nicht glaubst, dann trage ihn nicht vor – außer du machst ihn zu deinem Text oder wirst zum Schauspieler oder zur Schauspielerin. Wenn der Inhalt deines Texts gehaltvoll, lustig oder motivierend ist, dann wirst du auch mal einen mittelmäßigen Auftritt überleben. Warum? Wenn du etwas zu sagen hast, wirst du in der Regel eine zweite Chance bekommen. Und wenn du genügend „zweite Chancen" bekommen hast, wirst du es irgendwann auch „draufhaben". Aber wenn dein Inhalt leer ist, dann hilft dir auch die beste Darstellung nur wenig. Glaube mir, ich habe viele Casting-Videos und Testauftritte ansehen dürfen …

Ziel der Auftrittsproben ist es, aus all den unterschiedlichen Gewerken ein Gesamtkunstwerk entstehen zu lassen. Und im ersten Schritt solltest du dich auf das Thema Glaubwürdigkeit konzentrieren. Trage den Text so vor, dass man dir glaubt, dass du an deinen Text glaubst.

Content is King. Diesen Satz solltest du dir immer vor Augen führen. Einen großartigen Text kann noch nicht einmal eine schlechte Performance zerstören. Aber einen leeren Text rettest du auch mit der besten Performance selten.

KAPITEL 10 Auftrittsprobe II – Publikumsorientierung

In dieser Phase der Auftrittsprobe hast du die Chance, dich noch einmal mit dem zweiten großen Ansatz meiner Arbeit zu beschäftigen: der Publikumsorientierung. Wie ich nicht aufhöre zu betonen, solltest du Auftreten und Vortragen als einen Job verstehen. Dein Job ist es, andere zu informieren, zu motivieren, mitzureißen oder zu unterhalten. Und selbst wenn du gefeiert werden möchtest, kannst du dies als deinen Job verstehen. (Was will ich erreichen?) Wenn es dein Ziel ist, am Ende der Show mit Standing Ovations gefeiert zu werden, dann überlege und probe, wie du dies dramaturgisch erreichen könntest. Wichtig ist nur, dass du verstehst, dass du dich permanent mit deinem Publikum beschäftigen solltest.
Trage deinen Text vor und stell dir dabei dein Publikum vor. Wer sitzt oder steht vor dir? Wie viele könnten es sein? Wie könnten sie reagieren? Sind sie dir gegenüber freundlich, beobachtend oder sogar feindlich eingestellt (s. Kapitel 1.5 Auftrittsbriefing)? Je mehr du dich in die Zuschauer und die jeweilige Situation hineinversetzt, umso besser kannst du die Situation kontrollieren und die passende Tonalität für die Ansprache finden.
In der Anfangszeit solltest du dir für diese Arbeit genügend Zeit einplanen, da sie dir helfen wird, entspannter und damit souveräner aufzutreten. Daher ist es wichtig, dass du dich auch auf unterschiedliche Szenarien vorbereitest. Ziel sollte es sein, deine Publikumsreaktionsschublade zu befüllen. Denn egal, wie gut du dich vorbereitest, du wirst erst auf der Bühne hundertprozentig merken, wie dein Publikum tatsächlich reagiert. Wenn du dir aber schon zwei bis drei mögliche Reaktionsmöglichkeiten bereitgelegt hast, kannst du später auf die unterschiedlichen Möglichkeiten schneller zurückgreifen.

Denk noch einmal über deine Rolle nach und überlege dir, welche Erwartung die Zuschauer an deinen Auftritt knüpfen bzw. zu welchem Verhalten dein Auftreten bei den Zuschauern führen könnte. Bist du Experte oder Expertin, dann sind die Zuschauer vermutlich neugierig, wer du als Mensch bist und ob du wirklich so kompetent bist, wie es angekündigt worden ist.

Bist du Künstler oder Künstlerin, kannst du dich fragen, ob du zu den Zuschauern gehst (Gala, Mixshow, Feier) oder sie Tickets für dich gekauft haben. Haben sie Tickets gekauft, wollen sie dich ja sehen und sind eher aufgeregt als verschlossen. Bei Einladungsshows sind sie der Veranstaltung gegenüber wohlwollend eingestellt, aber du als Person musst sie erst einmal überzeugen. In der Regel sind sie „neuen Gesichtern" gegenüber aber eher offen als verschlossen.

Bist du bekannt, kannst du davon ausgehen, dass man sich freut, dich zu sehen, und ist eher neugierig, ob du so reagierst, wie man es von dir erwartet und ob du dir Zeit nimmst mit deinen Fans zu reden. Wenn du weißt, dass die Zuschauer dich noch gar nicht kennen, dann werden sie in den seltensten Fällen sofort toben. Wenn du dir das im Vorfeld klarmachst, dann wirst du vielleicht nicht so schnell nervös, wenn sie dich nicht sofort abfeiern. Die Zuschauer wollen erst einmal überzeugt werden. Wenn du glaubst, dass dein Publikum vermutet, dass du nervös bist, überleg dir, wie du damit umgehen könntest.

Überleg dir, an welcher Stelle innerhalb einer Konferenz oder zu welcher Tageszeit dein Auftritt oder dein Vortrag eingeplant ist. Hast du etwa den ersten Slot am Morgen einer Konferenz oder abends in einer Show, dann könnte es sein, dass noch nicht alle ganz bei der Sache sind und vielleicht auch noch einige Leute zu spät kommen. Aber wenn du sie alle einmal „eingesammelt" hast, kannst du wiederum davon ausgehen, dass sie noch aufnahmebereit sind. Schließlich bist du die erste Person, der oder die spricht. Vor der Pause sind sie dann alle wieder müde und nach der Pause stellt sich die Situation ähnlich dar wie am Anfang der Veranstaltung.

Es kann aber auch sein, dass die Zuschauer dich euphorischer feiern und annehmen, als du es gedacht hast. Ich erinnere mich an einen Künstler bei *NightWash*, der mir nach seinem Auftritt erklärte, dass die Zuschauer viel mehr gelacht haben, als er erwartet habe, und dass er dadurch sein Timing verloren hätte. Deswegen stelle dir auch so eine Situation einmal vor. Erstens habe ich dieses Szenario häufiger beobachtet, als man es vielleicht vermuten würde, und zweitens kann es auch im Sinne deiner Eigenmotivation nicht schaden, wenn du auch den kommenden Erfolg visualisierst.
Diese Phase der Auftrittsprobe hilft dir nicht nur, mögliche Reaktionen des Publikums zu antizipieren und dein Timing zu optimieren,

sondern es ist auch der Moment, in dem du deinen Vortrag oder Auftritt maßgeschneidert auf dein kommendes Publikum anpassen kannst. Daher teilt sich hier der Arbeitsweg. Jetzt hast du zwei Möglichkeiten. Entweder du springst zu Kapitel 12 Anfänge. Dort bespreche ich, wie du die Erkenntnisse aus diesem Kapitel in passende inhaltliche Bits umsetzen kannst. Oder du gehst chronologisch mit der Umsetzung der Auftrittsprobe (s. Kapitel 2.11 Durchführung) weiter, denn in der Anfangszeit reicht es, wenn du dir überhaupt erst mal die Situation, in der du später auftreten wirst, vorstellst.

Je erfahrener du wirst, umso weniger musst du später zwischen den Kapiteln springen, denn du wirst die Briefing- und Research-Erkenntnisse automatisch in maßgeschneiderte Anfänge umsetzen.

MERKE:

Stell dir verschiedene Szenarien vor. Sei realistisch. Geh nicht nur von deinem Wunschpublikum aus, sondern stell dir auch einmal vor, wie es sich anfühlt, wenn die Zuschauer dich die ersten 5 Minuten lang regungslos anstarren.

FAZIT:

Ziel ist es, deine Reaktionsschublade zu befüllen und eine größere Sensibilität für Anfänge und eine maßgeschneiderte Ansprache zu entwickeln und diese Ansprache schon in die Probe einzubauen.

KAPITEL 11 Auftrittsprobe III – Durchführung

Ich habe in den letzten zwei Kapitel besprochen, was du genau in der Auftrittsprobe beachtet solltest. Jetzt geht es um die Frage: Wie kannst du die Auftrittsprobe konkret ausführen?

Deine Aufgabe ist es jetzt, den Vortrag oder die Nummer in der Probe so zu spielen, als ob es ein Auftritt ist. Dein Text sollte sitzen und du hast dir dein Publikum vorgestellt. Versuche den Vortrag oder den Auftritt als Ganzes durchzuspielen. Selbst wenn du ins Stocken kommst, überleg dir, wie du weiterkommst und brich erst dann ab, wenn wirklich gar nichts mehr geht. In der realen Auftrittssituation kannst du auch nicht einfach abbrechen und noch einmal von vorn anfangen.

Im Kapitel 4.6 Umgang mit Fehlern werde ich dir zeigen, wie hilfreich es sein kann Fehler zu akzeptieren und wie du sie lösen und nutzen kannst. Außerdem ist es ein riesengroßer Unterschied, ob du immer nur Teile des Vortrags spielst oder ob du irgendwann ein Gefühl für das Ganze erhältst und sei es nur, dass du merkst, dass dein Vortrag vielleicht zu kurz oder zu lang ist.

In diesem Schritt solltest du außerdem versuchen, die technischen Rahmenbedingungen des realen Auftritts so gut wie möglich abzubilden. Wenn du später mit einer Präsentation arbeitest, dann solltest du diese Präsentation jetzt auch mit durchklicken. Sei es mithilfe eines Beamers oder zu mindestens auf deinem Rechner.

Wenn du später mit einem Mikrofon arbeitest, versuche auch in der Auftrittsprobe ein Mikrofon einzusetzen. Wenn du kein Mikro für die Probe zur Verfügung hast, arbeite mit einem Ersatz. Der Kuli ersetzt dein Handmikrofon und eine Vase mit einer Blume ist dein Pult/Richtmikrofon.

Stell dir vor, wie groß die Bühne sein könnte. Wo ist der Aufgang gelegen? Wie sieht dein möglicher Aktionsradius aus? Wo sitzen die Zuschauer? Schaust du hoch oder runter? Wie nah oder weit weg werden sie von dir sitzen oder stehen? Je genauer du dir den Ort vorstellst, umso weniger wird dich später der echte Raum irritieren und umso souveräner und selbstverständlicher wirst du auftreten und auch wahrgenommen werden.

Die nächste Frage lautet, probe ich alleine, vor anderen Menschen oder vor einer Kamera? Natürlich kannst du deine Auftrittsproben jederzeit mit Kamera oder Handy aufzeichnen. Aber ich kenne nur wenige Künstler, Künstlerinnen und Speaker, die jeden Schritt der Probenarbeit aufzeichnen. Erstens ist die Kameraarbeit eine andere Präsentationsform als die Livepräsentation. Zweitens kann die Analyse von Videoaufnahmen gerade in der Anfangszeit auch demotivieren und drittens verschwendest du mitunter kostbare Zeit mit dem Aufbau und der Einrichtung der Technik, anstatt den Auftritt zu proben. Ich möchte Videoanalysen nicht schlechtreden, denn sie sind tatsächlich extrem hilfreich, aber ich würde sie gezielt und vielleicht erst später bei den eigentlichen Vorträgen und Auftritten einsetzen.

Aus meiner Erfahrung bringt es dir in der Anfangszeit mehr, wenn du deinen Auftritt oder Vortrag von einer echten Person testest, anstatt vor einer Kamera. Denn diese Person wird, ob sie es will oder nicht, zu deinem ersten echten Feedbackkanal, der dir hilft, Rückschlüsse auf Inhalt und Performance zu ziehen. Diese Person muss dir nach deiner Probe noch nicht einmal ihre Eindrücke oder Kritik schildern, es reicht schon, dass du überhaupt merkst, dass dein Vortrag nicht in einem luftleeren Raum stattfindet, sondern zu Reaktionen führt. Und der zweite Vorteil, der für dich entsteht, wenn du vor einer echten Person anstatt vor einer Kamera übst, ist, dass du so schneller Hemmungen abbaust.

Erfahrungsgemäß ist es einfacher, wenn du vor mehreren Personen probst, allerdings musst du erst einmal so viele Leute zusammenbekommen. Eine Person findet sich hingegen immer. Und glaub mir, wenn du es vor einer Person schaffst, wird der spätere Auftritt zu einem Kinderspiel. Du wirst im Laufe deiner Arbeit feststellen, dass es viel einfacher ist, vor 100 oder 500 Zuschauern aufzutreten, als vor einer kleinen Gruppe, geschweige denn vor einer einzelnen Person.

Und damit kommen wir zum Ende der Probenphase. Ich habe in den letzten Kapiteln deshalb so ausführlich über Probenabläufe gesprochen, weil ich dir Wege aufzeigen wollte, wie du dich bewusst mit Auftrittssituationen vertraut machen kannst, um schneller den nötigen Mut aufzubauen, Vorträge anzunehmen oder Auftritte zu wagen. Denn wenn du auf ein professionelles Level kommen möchtest, sollte dein nächster Schritt sein, die Probenergebnisse möglichst schnell in echte Auftrittssituationen umzusetzen. Auftreten ist ein agiler Prozess. Du brauchst die echte Situation und das Feedback der Zuschauer, um die Arbeit überprüfen zu können. Aber ohne Proben dauert der jetzt einsetzende agile Prozess eben immer viel länger. Proben sind für mich (legales) Doping für den Auftritt.

Spiele deinen Part so, als ob es ein echter Auftritt sei. Stell dir die Umgebung und dein Publikum vor. Setze, soweit es geht, alle technischen Hilfsmittel ein, die du auch später nutzt. Und spiele immer den ganzen Vortrag durch.

Auftritte sind unersetzlich, wenn es darum geht, eure Fähigkeiten zu verbessern und eine Bühnenpräsenz aufzubauen. Doch Proben sind der „Boost", der dich schneller nach oben befördert.

KAPITEL 11 Auftritt I – First Impression

Jetzt sind wir in der Auftrittsphase angekommen. In den folgenden Kapiteln gehe ich auf Themen ein, auf die du während eines Vortrags oder Auftritts achten solltest. Der Einfachheit halber strukturiere ich einen Auftritt oder Vortrag in drei Teile: Anfangssituation, Hauptteil und Schluss.

Die nächsten zwei Kapitel beschäftigen sich mit der Anfangssituation, denn das ist der Part, den du am häufigsten anpassen und verändern musst. Grundsätzlich sollte es dein Ziel sein, deinen Vortrag oder deinen Part jedes Mal mit so wenigen Veränderungen wie möglich zu spielen. Ein hohes Maß an Wiederholung garantiert dir, dass du das Optimum aus deinem Auftritt herausholen kannst. Der Schluss sollte eher kurz sein und auf den Punkt gebracht werden, damit du dich am Ende nicht noch in drei Zusatzbotschaften verläufst. Der Anfang ist jedoch der Part, der in der Praxis am häufigsten angepasst und bearbeitet wird. Stell dir Anfänge wie einen Trichter vor. Du versuchst am Anfang die Zuschauer in unterschiedlichen Veranstaltungen und Situationen möglichst breit abzuholen und sie dann auf deinen festen Vortrag hinzuleiten.

Die Aufgabe einer guten Anfangssituation ist es, ein starkes Fundament für deinen Auftritt zu legen und dir zu helfen, dich zu etablieren und die Zuschauer auf deine Seite zu ziehen. Vielleicht ist dir auch aufgefallen, dass ich manchmal von DEM Anfang und dann von der Anfangssituation spreche. Das habe ich mit Absicht gemacht, denn der Anfang ist für mich nur ein Teil der Anfangssituation. Oft nutze ich für die Anfangssituation auch den Begriff der magischen ersten Minute. Ich unterteile die magische erste Minute und damit die Anfangssituation in zwei Parts: First Impression und Anfang. Starten wir jetzt mit der First Impression.

In dem Moment, in dem du anfängst zu reden, sind die meisten Publikumsentscheidungen deiner Person betreffend schon längst gefallen. Denn du befindest dich schon seit Stunden inmitten der Zuschauer und Gäste, bist in der Zwischenzeit bereits aufgestanden und auf die Bühne getreten. Und in DIESEN Momenten bilden sich die Zuschauer schon eine Meinung über dich – und nicht erst, wenn du beginnst zu reden. Überleg einmal, wie genau du andere beobachtest, wenn du weißt, dass sie gleich auftreten werden.

Wann beginnt deine Auftritts- oder Vortragssituation genau?

Eine Frage, die du dir jedes Mal von Neuem stellen solltest. Wann dein Auftritt genau anfängt, hängt letztendlich von deinem Bekanntheitsgrad ab. Bist du im Rahmen dieser Veranstaltung ein „Promi", dann beginnt der Auftritt, wenn du den Auftrittsort betrittst, denn ab diesem Moment stehst du unter Beobachtung. Dieses Phänomen des „Unter-Beobachtung-stehen" tritt auch dann auf, wenn alle wissen, dass du gleich einen wichtigen Vortrag vor deinem Team oder deiner Klasse hältst.

Sitzt du in einer großen Veranstaltung in der ersten Reihe, dann beobachten die Leute dich ebenfalls ganz genau, denn sie wissen, dass in der ersten Reihe die Menschen sitzen, die gleich auftreten werden. Ähnlich wie bei einer Talksituation bist du von jetzt an, auch wenn du mit dem Rücken zu den Zuschauern sitzt, ständig im ON. Worauf kannst du achten?

Ankündigung

Kontrolliere so gut es geht deine Ankündigung. Dies ist nicht immer einfach und bedarf manchmal auch etwas Taktgefühl. Besprich es bestenfalls im Vorfeld. Verschick vielleicht eine Beispiel-Anmoderation an die Veranstalter. Besprich, was auf jeden Fall zu deiner Person und deinem Thema gesagt werden soll und was auf keinen Fall. Wenn du einen Namen hast, der oft falsch ausgesprochen wird, bereite eine Hilfestellung vor. Dein Name ist deine Marke und letztendlich bist du für diese Marke verantwortlich.

Aufstehen

Wie stehst du auf? Zwing dich zu lächeln, bevor du dich von einem Sitz erhebst. Das erhöht deine Energie und man sieht es dir auch von hinten an, ob du mit Energie und Spannung aufstehst.

Aufgang aus dem Publikum

Nutze den Gang zur ersten Botschaftsvermittlung. Denke an die Frage, was du erreichen willst. In deinen Aufgängen kannst du die Grundlage deiner Botschaft und deines Ziels legen. Weißt du zum Beispiel, dass man dir kritisch gegenüber ist, dann sei empathisch und lächle ins Publikum, und zwar so nett und wenig ironisch wie möglich. Versteh den Gang als ein Schaulaufen, das zeigt, wie cool, nett oder auch entschlossen du bist. Pass deinen Aufgang dem jeweiligen Anlass an. Wenn du nicht sicher bist, welche Erwartungen dir entgegengebracht werden und du besonders nervös bist: Geh mit einer guten Körperspannung und einem Lächeln auf die Bühne, ohne zu rennen. Wenn dich jemand anschaut, schau freundlich zurück.

Kontaktaufnahme

Überleg dir einmal, wie bei großen Preisverleihungen (wie zum Beispiel den Oscars) die erfahrenen Stars aufgehen. Freundliche Blicke, Winken und einzelnen Personen zunicken. Ich habe die Erfahrung gemacht, dass mir jede Person, mit der ich einen direkten Kontaktaustausch hatte, mir später eine extra Portion Aufmerksamkeit geschenkt hat. Wenn jemand ein Selfie machen möchte, dann lasse dich ruhig einmal darauf ein. Aber auch hier gilt: Behalte die Kontrolle und nicht übertreiben.

Aufgang aus der Backstage

Wenn du von hinten durch einen Vorhang oder eine Tür auf die Bühne trittst, denk vorher dran, dass du gleich im Licht und vor dem Publikum stehst. Stell dir vor, dass du vielleicht gar nicht das Publikum siehst, weil du geblendet bist. Aber sie sehen dich. Deswegen solltest du lächeln und die Spannung aufbauen, bevor du auf die Bühne trittst.

Auf der Bühne

Auf der Bühne angekommen, ruhig kurz stehen bleiben, den Blick einmal über das Publikum schweifen lassen, Moderator oder Moderatorin kurz zunicken, extra Lächeln aufsetzen und dann entschlossen zum Auftrittsort gehen. Wenn dir jemand ein Wasser reicht, bedanke dich. Es signalisiert, dass du andere Menschen wahrnimmst. Bevor du zu sprechen beginnst, einmal ruhig stehen bleiben und ins Publikum schauen. Diese kleinen Momente der Ruhe signalisieren, dass du dein Publikum wahrnimmst und die Situation unter Kontrolle hast.

Ein weiterführendes detailliertes und praktisches Training wirst du in den passend zu diesem Buch entwickelten Seminaren und Trainings-workbook finden.

There is no second chance for a first impression. Der erste Eindruck legt das Fundament für den weiteren Auftritt. Sobald du vor Ort bist, solltest du in den Auftrittsmodus schalten.

Natürlich kannst du auch einen schwächeren Anfang noch im Laufe eines Vortrags retten. Aber es kostet unnötige Energie. Wenn du verstehst, was es heißt, „in der Öffentlichkeit" zu stehen, wirst du Situationen besser verstehen und kontrollieren. Das wird sich sofort auf dein Persönlichkeitskonto auszahlen.

KAPITEL 13 Auftritt II – Die Einleitung

Kommen wir zum zweiten Teil der magischen ersten Minute, kommen wir zum Anfang. Ich habe lange überlegt, ob ich den Begriff Anfang durch Einleitung ersetzen soll, denn aus dramaturgischer Sicht beschreibt der Begriff Einleitung die Aufgabe sogar etwas besser, aber das Wort Anfang ist der in der Praxis geläufigere Begriff.

Der Anfang beschäftigt sich mit der Frage: Wie kreierst du für jeden Auftritt oder Vortrag einen passenden textlichen Anfang, der deine Zuschauer in deinen Bann zieht und sie auf den weiteren Vortrag oder Auftritt vorbereitet? Die Grundlage haben wir schon im Kapitel 2.10 Publikumsorientierung gelegt. Du hast dir Gedanken über dein Publikum gemacht und überlegt, wer vor dir sitzt und wie sie reagieren könnten. Jetzt überlegen wir uns, wie du mit diesen Erwartungen bestmöglich spielen kannst.

Zur genaueren Erklärung habe ich den Anfang noch einmal in drei Phasen unterteilt:

1. Begrüßung: Verlängerung der First Impression und Publikumsbindung (souverän)
2. Vorstellung und Einleitung: individuelle Anpassung deines Vortrags an den jeweiligen Event (sympathisch)
3. Ende/Übergang zum Hauptteil: klar markierte Überleitung zu deinem Vortrag oder Auftritt (spektakulär)

Ich habe die drei Begriffe souverän, sympathisch, spektakulär einmal in Klammern angefügt, damit du verstehst, dass du auch in diesem Auftrittsabschnitt eine Entwicklung zulassen solltest und nicht sofort mit der Tür ins Haus fallen musst. Häufig höre ich, dass man sofort abliefern und ins Thema einsteigen sollte. Natürlich sollst du möglichst schnell auf den Punkt kommen, die Leute unterhalten oder sogar zum Lachen bringen. Aber es macht einen Unterschied, ob du sofort loslegst oder dir je nach Situation kurz 15 bis 30 Sekunden Zeit nimmst, um die Menschen einmal zu begrüßen und Hallo zu sagen (s. Kapitel 1.7 Publikumsansprache).

Gib den Zuschauern immer etwas Zeit ihrer Neugierde nachzugehen, denn die Zuschauer sind in den ersten Sekunden oft noch gar nicht voll aufnahmebereit. Sie sind in den ersten Sekunden meist mehr mit dir als Person als mit deinem Inhalt beschäftigt.[6] Wie siehst du aus? Wie klingt deine Stimme? Hast du einen Akzent? Wie stehst du auf der Bühne? Bist du nervös oder besonders cool? All diese Fragen wollen erst einmal beantwortet sein und erst dann setzt man sich mit deinem Inhalt auseinander.

Das heißt, die Begrüßung hat zwei Funktionen: Erstens stellst du so Zeit für die Zuschauerneugierde bereit und zweitens solltest du schon mit deinen ersten Worten zeigen, dass du weißt, wo du bist, und dass du im Hier und Heute angekommen bist. So verfestigst du die persönliche Bindung mit den Zuschauern. Überlege dir, wie du deine Zuschauer freundlich und doch speziell zugeschnitten begrüßen kannst (s. Kapitel 1.7 Publikumsansprache). Habe keine Angst vor klassischen Ansprachen: „Danke für diesen netten Empfang." „Hallo, freue mich, dass ich heute hier sein darf." „Hallo, wie ist die Stimmung." „Schön, hier oben vor Ihnen zu stehen. Das sieht ja toll aus." Wichtig ist, dass du neben dem Hallo den Zuschauern Zeit für ein erstes Kennenlernen gibst und dabei selbst schon entspannt und souverän auftrittst. Hetze nicht durch diesen Moment.

Ich habe oft beobachtet, wie Auftrittskünstler sofort ohne eine lange Einführung einen Hammer-Gag abliefern und sich dann wundern, dass die Zuschauer nicht so reagieren und lachen wie erwartet. Meine Erklärung ist, dass die Zuschauer noch mit der Wahrnehmung der Person beschäftigt sind und noch gar nicht richtig hinhören. So verpufft der erste Gag. Das wiederum sieht man den Künstlern dann oft an, was dazu führt, dass die Zuschauer diese Reaktion schnell als Unsicherheit oder Nervosität wahrnehmen.

Das richtige Timing für Anfänge zu finden bedarf sicherlich einiger Versuche. Aber je früher du dich mit diesem Thema auseinandersetzt, desto schneller wirst du die nötige Sensibilität entwickeln und merken, wie viel besser der gesamte Vortrag oder Auftritt abläuft, wenn die ganze Anfangssituation passt.

Normalerweise gehst du von einer kurzen Begrüßung (5-15 Sekunden) zur Vorstellung bzw. Einleitung über. Der Übergang ist oft fließend. Du stellst dich kurz vor und erklärst, was diesen Tag, Ort oder Publikum heute für dich so besonders macht. Je bekannter du bist, umso schneller kannst du ins Thema einsteigen, ansonsten würde ich 1-2 Minuten für diese Vorstellung (abhängig auch von der Länge deines Vortrags oder Auftritts) als ein Warm-up nutzen. Bist du Experte oder Expertin, musst du dein Publikum nicht zum Lachen bringen. Es reicht, dass du ihnen deine Expertise glaubwürdig belegst und du ihnen zeigst, dass du weißt, wo du gerade bist. Wenn du dann noch ein gewisses Maß an Sympathie und Nähe durchschimmern lässt, hast du eigentlich schon gewonnen. Bist du Künstler oder Künstlerin, solltest du mit der Vorstellung die Basis für deine weiteren Nummern legen und die Zuschauer auch das erste Mal unterhalten. Jetzt darfst und sollst du kreativer werden.

Um einen interessanten Anfang zu kreieren, stehen dir drei große Fragen zur Verfügung, mit denen du textlich 90 % aller Anfänge bauen kannst. WER: Wer bist du? Wer sitzt vor dir und wer hat eingeladen? WO: Wo bist du? In welchem Land, in welcher Stadt, in welchem Ort oder in welchem Theater oder Auftrittsort. WAS: Was beschäftigt die Menschen, was könnte gleich passieren? Was wünscht man sich von dir? Was denken die Menschen?

Hier geht es um dich als Mensch und nicht, wie du heißt und was dein Job und deine Expertise ist. Das sollte schon in der Anmoderation aufgegriffen worden sein. Und falls nicht, hast du noch mehr zu erzählen. Wie kannst du dich beschreiben und wie die bekannten Informationen weiter vertiefen? Wer bist du, was ist dein Job, deine Expertise, Erfahrung und wo kommst du her? In der Regel bietet das schon genug Material, um einen kleinen Anfang zu kreieren. Trittst du als Comedian auf, erwarte ich etwas Originelles, was ich noch nicht oft gehört habe. Bist du aber kein Bühnenprofi, sondern eher Experte oder Expertin, dann reicht es schon, wenn du ironisierend mit den typischen Klischees spielst. Ich würde es jedoch nur dezent einsetzen. Ein Beispiel: Geh einmal davon aus, dass sich keine Gegend in Deutschland – bis auf das Rheinland – als besonders leidenschaftlich und lustig empfindet. Und wenn du mit dieser Erkenntnis etwas selbstironisch spielst: „Ich komme ja aus einem Epizentrum der Leidenschaft – aus dem Sauerland (oder Franken oder Sachsen oder Schwerin oder …)", dann hast du fast immer gewonnen. Natürlich kannst du auch mit deinen sprachlichen (Akzent, Dialekt) und weiteren visuellen Eigenschaften (allgemeines Aussehen und Kleidung) spielen. Aber erinnere dich an das Kapitel 1.8 Eigen- vs. Fremdwahrnehmung. Aber wenn du dir mal eine gute Einleitung zurechtgelegt hast, dann notiere sie bitte. Du wirst sie bestimmt noch öfter einsetzen können (s. Kapitel 1.3 Amateur vs. Profi)

Ebenso kannst du auch gut mit dem Thema des Auftrittsorts spielen. Du darfst ruhig sagen: „Ich freue mich, heute hier zu sein." Aber versuche es ganz ehrlich zu sagen. Es spielt keine Rolle, dass das jeder sagt. Es ist höflich und du kannst diesen Satz dann als Überleitung für einen Vermerk zum Ort nutzen. Jetzt interpretierst du den Raum, Ort, Zeitpunkt ein wenig anders, als er sich tatsächlich darstellt. Tituliere einen kühlen Konferenzraum als Barocktheater, mach aus einem plüschigen Theater die Kantine von Google, usw. Spiel mit der Größe und Art des Ortes. Funktioniert immer dann, wenn du in kleinen und ungewöhnlichen Orten auftrittst. „Wow, Niederlistingen. Man sagt immer, wer es hier schafft …" „Das ist ja mal eine Großveranstaltung." Nach zwei bis drei Versuchen fällt dir schon etwas Kreatives ein.

Die letzte Frage kann dir helfen, mit den Erwartungen der Zuschauer zu spielen. „Sie fragen sich bestimmt, was hat das Unternehmen veranlasst, eine Psychologin, einen Bergsteiger, einen Physiker, eine Gärtnerin, einen Comedian zum Thema Innovation, Führung, Wellness, Work-Life-Balance einzuladen?" Überleg einmal, was dem Publikum durch den Kopf gehen könnte, wenn du auftrittst. Schaffst du es, die Fragen und Gedanken der Zuschauer aufzugreifen und zu beantworten, dann kannst du diese besonderen Momente kreieren, bei denen das Publikum denkt: „Das ist ja cool, er oder sie hat ja genau mein Problem aufgegriffen! Woher wusste er oder sie das?" Und da ist er – der magische Moment.

Genau genommen könntest du die Frage, wie du mit deiner Nervosität umgehen sollst, auch hier einordnen. Wenn du weißt, dass man es dir ansieht, dann lächle die Nervosität entweder bewusst weg oder sprich das Thema sogar kurz an: „Glaubt mir, heute ist der erste Tag, wo ich mir kurz gewünscht habe, dass die Deutsche Bahn wirklich ausfällt – aber jetzt bin ich hier…" Und dann lachst du einmal über dich und schon entspannen sich deine Zuschauer (und du dich vermutlich auch). Aber auch diesen Trick solltest du nur einmal einsetzen.

Ein Tipp noch: Du solltest immer genau zuhören, wie du angesagt wirst. Manchmal wird alles, was du sagen möchtest, schon in der Anmoderation vorweggenommen. Es wird ein kleiner Gag über deinen Herkunftsort oder deinen Beruf gemacht, den du so ähnlich selbst machen wolltest. Zum Beispiel wird gesagt, dass du ein Hamburger Anwalt bist, und diese Tatsache wird kommentiert mit den Worten: „Wenn Ekstase auf Ekstase trifft …" Wenn das passiert, bleibt dir nichts anderes übrig, als darauf zu reagieren. Entweder du überspringst deinen Part oder du greifst die Moderation auf und führst den Gedanken weiter aus. „Das mit der Ekstase stimmt natürlich, denn ich bin nicht nur ein Hamburger Anwalt – mein Hobby ist auch noch Steinesammeln." So eine Replik musst du gar nicht besonders lustig vortragen, es kommt viel sympathischer rüber, wenn du dies eher dezent und selbstverständlich mit einem kleinen

Lächeln vorträgst. So zeigst du, dass du zugehört hast, und man sieht dir an, dass du Humor besitzt.

Anfänge sollten in Ruhe aufgebaut werden. Doch wenn ich von Ruhe spreche, erkennst du vielleicht, warum Anfänge so schwierig sind. Denn heute wollen wir immer sofort auf den Punkt kommen, aber viele psychologische Prozesse, wie das Kennenlernen, brauchen – wenn auch nicht viel – Zeit. Daher ist die Aufgabe der Begrüßung eine der größten Herausforderungen auf Social-Media-Kanälen, denn dort hast du im Gegensatz zum Liveauftritt noch nicht einmal diese wenigen Sekunden. Auf Social-Media-Kanälen musst du dir überlegen, wie du einerseits sofort dein Thema und andererseits auch dich als Person vorstellst und eine persönliche Bindung aufbaust. Auch wenn die Zeitspannen viel kürzer sind, sind die Prozesse dieselben. Deswegen sind hier die richtigen Überschriften und Thumbnails so wichtig, da sie den Part einer Minieinleitung übernehmen.

Natürlich kann es sein, dass der Anfang, den du dir zurechtgelegt und geprobt hast, einfach nicht passt – in dem Fall denk an das Kapitel 2.10 Publikumsorientierung. Entweder du ziehst jetzt aus deiner Reaktionsschublade einen veränderten Anfang hervor oder du musst etwas improvisieren. Anders geht es leider nicht, aber dafür hast du dann für deinen nächsten Auftritt oder Vortrag eine neue Variante.

Ziel der Einleitung ist es, die erste Neugierde der Zuschauer zu befriedigen und sie für den Vortrag oder Auftritt zu öffnen. Manchmal endet die Einleitung mit einem kleinen Gag oder du schaffst es, dass die Zuschauer kurz klatschen oder sich hörbar entspannen. Wenn das passiert, setze eine Pause und steige in aller Ruhe in den Hauptteil ein. Ab diesem Moment solltest du quasi in dein festes Erzählset übergehen. Bei Vorträgen kannst du dies ruhig deutlich ansprechen: „Dann lassen Sie uns jetzt einmal einsteigen." Aber in vielen Situationen musst du diesen Satz noch nicht einmal laut aussprechen. Manchmal reichen schon eine kleine Pause und eine veränderte Körperspannung und das Publikum versteht, dass es jetzt losgeht.

Der Anfang besteht aus Begrüßung und Vorstellung und endet mit der Überleitung zu dem Vortrag/Auftritt. Gib deinem Publikum in der Begrüßung etwas Zeit, dass sie dich kennenlernen können. Und nutze die Fragen "Wer, wo und was?", um kleine Einleitungsparts zu schreiben.

Der Anfang ist der textliche Part der magischen ersten Minuten (Anfangssituation). Versuche den Anfang maßgeschneidert auf die jeweilige Veranstaltung anzupassen. Je besser dir das gelingt, umso weniger musst du den folgenden Auftritt oder Vortrag anpassen.

KAPITEL 14 Auftritt III – Struktur & Dramaturgie

Noch einmal zur Klärung. Dieses Buch beschäftigt sich mit der Darstellung (Form) und nicht mit der Entwicklung des Inhaltes (Text). Auch wenn ich immer von vorhandenen Texten als Grundlage unserer Arbeit ausgehe, zeigt mir meine Erfahrung, dass du mit jeder Probe und jedem Auftritt auch Veränderungen an deinem Inhalt vornehmen wirst (wir schließen jetzt Schauspielrollen einmal aus). Daher kann ich auch im Themenblock Performance das Thema Inhalt nicht komplett außen vor lassen, dafür gibt es einfach zu viele starke Wechselwirkungen.

In den Proben hast du die einzelnen Präsentationsskills und den Gesamtvortrag geprobt. In diesem Kapitel gehe ich auf die Themen Struktur und Dramaturgie ein. Wenn Timing das Mikromanagement des Themas Zeit ist, dann ist die Dramaturgie das Makromanagement der Zeit. Dramaturgie beschäftigt sich mit der Technik der Gestaltung und Strukturierung von Theaterstücken, Filmen oder auch Vorträgen. Ich werde dir einige praktische Tipps mitgeben, die dir helfen sollen, deine Geschichten und Botschaften besser und spannender aufzubauen und zu strukturieren, um so dein Publikum über den gesamten Vortrag oder Auftritt zu fesseln und dich als charismatischen Bühnenmenschen zu präsentieren. In der Praxis solltest du dich natürlich schon im Vorfeld mit diesen Themen beschäftigen, aber ich kann all dies besser in der chronologischen Aufbereitung des Vortrags oder Auftritts erklären. Beginnen wir mit den bekannten Informationen.

Struktur

Eine klare Struktur ist die Grundlage eines jedes Vortrags und jeder Shownummer. Sie hilft dir, den Überblick zu behalten, und hilft den Zuschauern, deinen Geschichten zu folgen. Jeder Vortrag, jeder Auftritt ist letztendlich ähnlich strukturiert: Anfang, Hauptteil, Schluss. Für den Hauptteil bist du inhaltlich verantwortlich. Der Anfang ist dafür da, die Zuschauer abzuholen, ihr Interesse zu wecken und sie auf deine Seite zu ziehen, und im Schlussteil solltest du eine klare Botschaft setzen.

Fragen

Mithilfe der richtigen Fragen kannst du dir schnell kleine Textparts bauen. „Wer, wo und was?" sind perfekte Fragen, um eine Einleitung aufzubauen. „Warum?" und „Kennst du?" sind ideal, um in den Hauptteil und einzelne Abschnitte einzusteigen. „Warum wollen wir neue Ideen, tun uns aber so schwer, sie umzusetzen?" Insbesondere das „Kennst du?" mit all seinen Varianten hilft dir Themen aufzugreifen, die die Zuschauer bewegen. Einer der größten Tricks, um Zuschauer zu fesseln, ist es, Geschichten zu erzählen, die die Sorgen und Fragen der Zuschauer aufgreifen. „Wer kennt das nicht? Du willst abnehmen und weil es nicht klappt, isst du aus Frust erst einmal eine Tafel Schokolade." Du kannst von dir als einen glücklichen, unglücklichen oder einsamen Menschen erzählen oder fragen: „Wem ist nicht auch schon mal die Decke auf den Kopf gefallen?" „Wer möchte nicht auch weniger Zeit am Rechner verbringen und schafft es nicht?" Es macht einen großen Unterschied, ob die Zuschauer deinen Geschichten zuhören und dich beobachten, oder sich als Teil des Problems empfinden.

Storytelling

Storytelling ist das große Zauberwort der letzten Jahre. Dabei gibt es Storytelling seit es Sprache gibt. Versteh Storytelling nicht als Selbstzweck, sondern als eine Hilfe, deine Botschaften zu setzen. Gute Storys sind fast immer dreistufig aufgebaut. Zuerst kommt eine emotionale Geschichte, die die Zuschauer fesselt. Aus dem Ende gewinnst du eine persönliche Erkenntnis und dann – und das wird oft vergessen – leitest du eine grundlegende Erkenntnis ab. Zwei Fragen können dir helfen, jede Story zu strukturieren: „Was habe ich daraus gelernt?" und „Was bedeutet das dann für uns?".

Der Hauptteil –
„Der Mainzelmännchen-Trick"

Die Mainzelmännchen sind tatsächlich eine geniale Idee, die das ZDF aufgegriffen hat. Nicht nur, dass sie mitunter sehr lustig sind. Sie sorgen dafür, dass die Zuschauer an der Werbung dranbleiben. Tatsächlich sorgen sie nicht nur dafür, dass die Zuschauer nicht abschalten, sondern neurologisch gesehen sorgen sie auch für ein Reset im Gehirn. Dadurch, dass wir einmal lachen und tief durchatmen, speichern wir Informationen ab, die wir vorher gesehen haben, und sind wieder bereit für eine neue Informationssession.

Dieses Bild solltest du dir merken, wenn du über die Strukturierung von Vorträgen nachdenkst. Du solltest immer in dramaturgischen Bögen denken und den Zuhörern und Zuschauern immer mal wieder Luft lassen, damit sie durchatmen können. So können sich die bisherigen Botschaften besser verankern und du sorgst dafür, dass wieder geistige Kapazität zur Aufnahme neuer Information geschaffen wird. Ich tue mich schwer, dir eine genaue Zeitspanne zu nennen, denn Aussagen im Internet zur Folge (zu denen ich aber keine Studie gefunden habe), ist die Aufmerksamkeit von Menschen mittlerweile bei 8 Sekunden angekommen. Ich glaube schon, dass deine Zuschauer sich länger als 8 Sekunden konzentrieren können, denn das ist in etwa die Aufmerksamkeitsspanne von Goldfischen, aber erfahrungsgemäß solltest du nach 6-10 Minuten diese kleinen Resets einbauen. Auch wenn ich das Thema Humor in diesem Buch nicht in den Hauptfokus stelle, sind das genau die Positionen, wo du Humor und Storytelling perfekt einsetzen kannst.

Hungrig nach Hause

Die Zusammenfassung all meiner Tipps zum Thema Dramaturgie lautet: Schick deine Zuschauer hungrig nach Hause.[7] Halte dich kurz. Konzentriere dich auf das Wesentliche. Fokussiere dich auf ein Thema und spiel die Zuschauer nicht müde. Warum eine zweite Zugabe spielen? Lass sie doch lieber zu einer Nachfolgeveranstaltung kommen.

Dieser Tipp, sich kurzzufassen, ist auf fast jedes Format übertragbar. Überleg selbst einmal, wie groß deine Aufmerksamkeitsspanne momentan ist. Lieber den Vortrag kürzen und versuchen, nach dem Vortrag noch einmal mit den Zuschauern ins Gespräch zu kommen und sie dazu zu bringen, Fragen zu stellen. Auf diese Weise kannst du dich besser auf die Bedürfnisse deiner Zuschauer einstellen und gleichzeitig ein besseres Netzwerk aufbauen.

Der Schluss „auf den Punkt"

Das Thema des richtigen Aufhörens ist immer schwierig, weil du am Ende eines Auftritts oder Vortrags oft emotional aufgewühlt bist. Und in solch emotional aufgewühlten Momenten triffst du manchmal impulsive Entscheidungen und sprichst neue Themen an, die dir während des Vortrags aufgefallen sind.

Überleg dir genau, wie du aufhören willst. In der Regel hast du eine Chance, EINE klare Botschaft zu setzen. Entscheide dich, was dir wirklich wichtig ist oder was für das Publikum wertvoll sein könnte. Überleg, ob du weitere Botschaften nicht an einer anderen Stelle einbauen kannst. Konzentriere dich auf eine Schlüsselbotschaft und maximal eine Handlungsaufforderung und eine Danksagung. Du siehst, allein das sind schon drei Themen, die du ansprechen solltest. Mit jeder neuen Botschaft und Werbeinformation wird es unübersichtlich. Ein Tipp ist es, nach dem Ende eventuell den Applaus abzuwarten, und dann erst eine weitere Botschaft zu setzen. Das kann in einer Zugabe sein, während des Talks mit dem Moderator oder der Moderatorin oder in einer Q&A-Session danach.

Verkaufsbotschaften

Dieser Tipp schließt sich nahtlos an den vorherigen an. Würde Obama oder eine andere große Rednerin als allerletzte Botschaft auf ihre Bücher hinweisen? Wahrscheinlich nicht. Du kannst dir deinen Expertenstatus mit einer falsch platzierten Botschaft rasant zerstören. Die Platzierung deines „Call-to-action-Buttons", wie Bücher, Social-Media-Kanäle oder sonstige Produkte, solltest du genau planen. Vielleicht kannst du das im Abgangsgespräch mit dem Moderator oder der Moderatorin (s. Kapitel 2.17 geführtes Interview) einbauen oder auch in deiner Zugabe. Wenn du die Informationen selbst liefern musst, würde ich dies besser in den vorletzten Abschnitt deines Vortrags einbauen und dann noch einmal den Vortrag mit einem emotionalen Schluss inhaltlich abrunden.

Comedy:
Bleib bei einem Thema

Zum Abschluss möchte ich noch ein paar dramaturgische Kniffe aus meiner Stand-up- und Comedywelt beschreiben. Auch wenn sie dich vielleicht nicht direkt betreffen, kannst du sehen, welche Auswirkung die dramaturgische Aufbereitung eines Textes haben kann.

Im Stand-up-Bereich hast du grob gesagt zwei Showarten: das Soloprogramm und Ausschnitte von 7-20 Minuten für Mixshows. In Deutschland war es noch bis in jüngster Vergangenheit üblich, mit deinem Solo zweimal 45-60 Minuten mit Pause zu spielen. In den USA und Großbritannien spielt man eher 60-70 Minuten am Stück und hat, wie du es von Bands kennst, eine Vorgruppe oder einen Gast dabei. Diese Zweiteilung ist zum Teil der historischen Entwicklung der freien Theaterszene in Deutschland geschuldet, weil man die Pausen für den Getränkeverkauf brauchte. Und dieser Ablauf hat sich dann durchgesetzt. Ich habe schon früher versucht, das amerikanische System einzuführen, weil es Künstler und Künstlerinnen hilft, schneller ihr Solo auf den Punkt zu bringen. Denn wenn du am Stück spielst, musst du nur EINEN Anfang, EINEN Hauptteil und EINEN Schluss entwickeln. Und diese Tatsache erleichtert es dir, einen Spannungsbogen aufzubauen, anstatt zwei Schlüsse (Pause und Ende) und zwei Anfänge (Beginn und nach der

Pause) zu schreiben und zu proben. Außerdem wird die Show so ein wenig kürzer. Auch das macht die Show fast immer besser.

Sobald du eine Mixshow spielst, willst du dich möglichst gut innerhalb einer Gruppe präsentieren und/oder die Zuschauer dazu bringen, dir auf Social Media zu folgen und/oder Tickets für dein Solo zu kaufen. Gerade wenn du ein kurzes Set von 7-15 Minuten spielst, solltest du dir genau überlegen, wie du dein Set dramaturgisch aufbaust. Mein Ansatz lautetet: Du hast den Anfangspart. Dort stellst du dich vor und stellst die Verbindung zu den Zuschauern her. Dann folgt dein Hauptset. Ein großes Thema, das dich definiert, dein Können und deine Haltung präsentiert. Zum Abschluss ein Abbinder, der die Zuschauer noch einmal 100 % zum Lachen bringt und dich nicht vergessen lässt (s. Kapitel 2.14 Struktur & Dramaturgie).

Die Herausforderung ist in der Regel der Hauptteil. Denn dort versuchst du, so viel wie möglich von dir zu zeigen, und springst dabei häufig von Thema zu Thema. Möglicherweise denkst du: Diese Seite von mir sollten die Zuschauer auch noch sehen und zu diesem Thema habe ich auch noch etwas zu sagen. Das sind alles verständliche Ansätze. Aber versetz dich in die Zuschauer. Erst einmal müssen die dich kennenlernen. Gerade dann ist es hilfreich, wenn du fassbar bist und für eine klare Idee, ein Thema, eine Haltung stehst. Überfordere dein Publikum nicht. Versuche bei einem großen Thema in der Mixshow zu bleiben (geht nicht immer, aber öfter, als du glaubst) und hebe dir zusätzliche Themen für die nächste Show oder dein Solo auf. Sobald du mehrere Themen anspielst, machst du deinen Fanklub nicht größer, sondern eher kleiner. Denke an eine Schnittmenge. Und wenn du sofort zu viele Facetten zeigst, muss man ja keine Karten mehr für dein Solo kaufen. Gefühlt kennt man schon alles von dir. Denk immer dran: Lass sie hungrig nach Hause gehen.

MERKE:

Ein Verständnis dramaturgischer Ansätze hilft dir, eine überzeugende und gut strukturierte Präsentation zu erstellen. Um deine Zuschauer über einen längeren Zeitraum zu fesseln, solltest du sie Teil der Geschichte werden lassen und ihnen Pausen zum Erholen geben.

FAZIT:

Halte dich kurz und konzentriere dich auf deine Schlüsselbotschaften. Denk immer strukturiert.

KAPITEL 15 Auftritt IV – Auftrittsverhaltensweisen

Was kannst du machen, wenn der Auftritt oder Vortrag einmal läuft? Wo und wie kannst du Anpassungen vornehmen? Wie kannst du dich retten, wenn etwas schiefgeht? Auf welche Verhaltensweisen solltest du besonders achten und wo liegt das größte Erfolgspotential? Wie könnte ein hilfreiches Auftrittsmindset aussehen?

Ich würde ein Erfolg versprechendes Mindset mit den Attributen Sensibilität und Geduld beschreiben. Du solltest dein Publikum beobachten und reagieren, wenn es sein muss, ohne aber ständig Anpassungen vorzunehmen und deinen Plan aus dem Auge zu verlieren.

Vertrau auf deine Strategie

Zunächst solltest du deinen Plan durchziehen. Wenn du auf jede Verunsicherung sofort reagierst, wirst du nie das Potenzial deines Vortrags oder Auftritts abrufen können. Habe Geduld und glaube an deinen Inhalt. Lieber etwas kürzen, als auf der Bühne alles über den Haufen zu werfen.

Aushalten

Aushalten ist eines der Wörter, die du verinnerlichen solltest. Du solltest lernen, Pausen auszuhalten (s. Kapitel 2.7 Timing). Pausen verstärken Botschaften. Gib den Zuschauern die notwendige Pause, dass sie deinen Gedanken folgen können und sie Zeit zum Lachen oder Klatschen finden. Du solltest Unruhe aushalten und nicht ständig reagieren, sondern Ruhe und Souveränität ausstrahlen. Halte unfreundliche Gesichter aus und schau einfach woanders hin.

Immer wenn du denkst, es reicht, halte noch ein bis zwei Momente länger aus.

Hinhören

Höre dein Publikum. Wenn sie ruhig werden, hören sie dir zu und du machst alles richtig. Wenn sie etwas unruhiger werden, ist dies immer ein Zeichen, hellhörig zu werden. Oft sind es nur Kleinigkeiten, die du anpassen musst. Gib ihnen die Chance einmal durchzuatmen (denke an den Mainzelmännchen-Trick) oder komm langsam zum Ende. Manchmal hat es auch gar nicht mit dir zu tun, weil es im Raum zu warm oder kalt wird. Wie zuvor erwähnt, du musst nicht immer reagieren, aber es hilft dir, solche Zeichen erst einmal wahrzunehmen.

Denk an deine Reaktionsschubladen

Anstatt zu improvisieren, wenn es nicht so läuft, wie du es dir vorstellst, greife lieber auf den vorbereiteten Plan B zurück. Du erinnerst dich vielleicht an das Thema der Reaktionsschubladen. Überlege dir im Vorfeld, was passieren könnte und wie du dann reagieren könntest. Das ist viel erfolgsversprechender, als während eines Vortrags alles improvisierend umzustellen. Und wenn es nicht so läuft, dann kürze, wo du kannst, und ziehe den Rest mit einem Lächeln durch. In der Feedbackphase lernst du aus dieser Erfahrung. Bühne ist ein agiler Prozess.

Zeitmanagement

Kontrolliere die Zeit. Je mehr du in einen Auftrittsflow hineingerätst, umso schneller kann es passieren, dass du die Zeit aus dem Auge verlierst (s. Kapitel 2.7 Timing). Insbesondere Überziehungen helfen weder dir noch der Gesamtveranstaltung. Überlege dir, ob du mit Uhr arbeitest oder dir von außen ein Zeichen geben lässt, wenn du zum Ende kommen sollst. Wenn du eine Uhr oder ein Handy nutzt, entscheide dich, ob du unauffällig oder bewusst damit spielst. Viele Profis arbeiten mit einer Smartwatch, die ihnen kurz vor Ende ihrer Auftrittszeit einen Vibrationsalarm gibt.

Fehler

Der einfachste Trick, wie du mit Fehlern umgehen kannst, ist, sie erst gar nicht zuzulassen (sorry, das wäre zu einfach …). Auch wenn es dein Ziel sein sollte, so gut vorbereitet wie möglich in jede Auftrittssituation hineinzugehen, passieren Fehler. Und weil die Frage nach dem richtigen Umgang mit Fehlern eine der häufigsten mir gestellten Fragen ist, habe ich diesem Thema direkt zwei Kapitel gewidmet: 1.14 Notfallpläne und 4.6 Umgang mit Fehlern. So viel sei hier schon gesagt, die Akzeptanz, dass Fehler passieren und die Bereitschaft, dich dem auszusetzen, wird dir bei der Entwicklung deiner Bühnenpersönlichkeit enorm helfen.

Lächeln

Lächeln ist das Wundermittel eines jeden Auftritts. Es lässt dich nahbarer und sympathischer erscheinen. Es funktioniert als Anti-Nervositäts-Tool[8]. Und wenn du dir vornimmst, dreimal pro Auftritt bewusst ein Lächeln einzusetzen, wirst du auch dein Timing verbessern. Warum? In dem Moment, in dem du bewusst lächelst, musst du eine kleine Pause setzen, was wiederum als Ruhe interpretiert wird und deinen Vortrag souveräner erscheinen lässt.

Zeichen setzen

Denk immer dran, dass die Zuschauer im Gegensatz zu dir nicht wissen, was als Nächstes kommt. Dir ist vielleicht klar, dass Schluss ist, aber nicht automatisch auch den Zuschauern. Gerade wenn es besonders gut läuft und dir die Zuschauer gespannt zuhören, verpasst du manchmal den Moment, deinen dir hart erkämpften Applaus abzuholen, weil die Zuschauer nicht wissen, dass Schluss ist. Der simpelste Tipp, einen Auftritt abzuschließen, ist, einfach mal Danke zu sagen. Setz klare Zeichen, wenn du ein Thema, einen Abschnitt oder sogar deinen Auftritt oder Vortrag beendest. Diesen Trick kannst du auch gut einsetzen, wenn du dich in einer Teamrunde selbst vorstellst. Probiere auch hier einmal das kurze „Danke" oder „Das war's!" am Ende deiner Vorstellung. Und wenn dir das vielleicht noch unangenehm ist, kannst du auch einfach deutlich nicken und lächeln – und nur still Danke sagen. Funktioniert immer.

MERKE:

Auch während deines Auftritts kannst du noch kleine Anpassungen vornehmen. Aber vertraue zuerst auf deine Vorbereitung und Strategie. Lieber etwas kürzen als alles umschmeißen. Große Veränderungen kannst du im nächsten Auftritt vornehmen.

FAZIT:

Ein schlechter Auftritt ist nie so schlimm wie ein schlechtes Auftreten. Egal,was passiert, du solltest immer freundlich und souverän bleiben.

KAPITEL 16 Kameraarbeit I – Grundlagentraining

Die Frage des Kameratrainings war vor 20 Jahren noch fast ausschließlich den Profis überlassen. Außer gelegentlichen Interviews oder Talksituationen sind die wenigsten Menschen für Vorträge und Präsentationen vor die Kamera getreten. Die Kameraarbeit wurde Journalisten, Journalistinnen, Schauspieler, Schauspielerinnen und Entertainment-Stars überlassen.

Das Aufkommen von Social Media hat die Nachfrage nach einem guten Kameratraining schlagartig in die Höhe getrieben, und die Pandemie hat dies noch verstärkt. Wenn du heute etwas vortragen oder präsentieren möchtest, solltest du in der Lage sein, neben der Livearbeit auch vor der Kamera gute Arbeit abzuliefern. Was bedeutet das für dich? Musst du jetzt zwei verschiedene Techniken und Herangehensweisen erlernen?

Die gute Nachricht: Nein, du musst nicht alles neu lernen. Vieles, was du bei der Livearbeit gelernt hast, kannst du auch auf die Kameraarbeit übertragen. In beiden Fällen musst du Texte vorbereiten und dich mit dem Publikum auseinandersetzen. Ob du ein reales oder imaginäres Publikum ansprichst, macht keinen allzu großen Unterschied. In beiden Fällen solltest du dich fragen, wen du ansprichst und was du erreichen willst. Du solltest dir Gedanken über Struktur und Timing machen und überlegen, wie du Stimme, Gestik und Mimik richtig nutzt.

Natürlich gibt es einige Unterschiede, die du aber schnell verstehen und dann auch schnell umsetzen kannst. Ich möchte mal einen Vergleich aus dem Sport hinzuziehen (du müsstest mittlerweile gemerkt haben, dass ich Sport liebe ☺).

Live ist für mich wie ein 800-Meter-Rennen. Du hörst den Startschuss und es geht sofort los. Natürlich kannst du während des Rennens dein Tempo variieren und dich kurz zurückhalten, aber dann musst du direkt wieder alles geben. Letztendlich hast du nur eine Chance und es ist verständlich, dass so eine Situation großen Stress aufbaut.

Drehst du Spielszenen vor einer Kamera, dann ist diese Arbeit eher mit einem Weitsprung zu vergleichen. Du hast sechs Versuche, also auch sechs Versuche und Möglichkeiten, einen möglichen Fehler oder eine Unkonzentriertheit zu korrigieren. Aber im Gegensatz zu einem

Rennen musst du dich sechsmal konzentrieren. Du musst sechsmal fokussiert auf den Punkt hinarbeiten. Wenn du vor der Kamera stehst, musst du dich quasi jedes Mal von Neuem selbst motivieren. Außerdem musst du viel geduldiger sein, weil alles länger dauert. Und du musst viel mehr deine Imagination einsetzen. Du musst dir klar überlegen, für wen spiele ich denn eigentlich? Wie könnten die jetzt reagieren? Wenn du jedoch für ein Liveinterview vor der Kamera stehst, wirst du verstehen, wie seltsam sich Fußballspiele in leeren Stadien anfühlen. Du musst genauso auf den Punkt fokussiert sein wie bei einem Interview vor Zuschauern, es fehlt aber der Adrenalinpusch, den ein Livepublikum dir mitgibt.

Die Kameraarbeit fordert von dir viel Eigenverantwortung und Vorbereitung. Und du brauchst ein große Portion Vorstellungskraft, denn du stehst vor keinem Publikum, du stehst vor einer einsamen Kameralinse. Worauf solltest du also achten? Wo sind die Fettnäpfchen verborgen und was kannst du tun, um dich noch wirksamer ins Bild zu setzen? Zur besseren Erklärung habe ich vier Aspekte herausgearbeitet, die die Besonderheit der Kamera veranschaulichen.

Nähe

Durch das direkte Anspielen der Kamera vermittelt diese Form der Ansprache meist eine größere Nähe als jede Livesituation. Du sprichst dank der Kamera jeden einzelnen Zuschauer und Zuschauerin direkt an. Das lässt dich persönlicher wirken, als du und deine Zuschauer es von Livesituationen gewöhnt sind. Insbesondere bei Nahaufnahmen solltest du immer etwas Abdeckpuder gegen das Schwitzen und das damit einhergehende Glänzen einsetzen. Aufgrund der häufig auf dein Gesicht ausgerichteten Kameraeinstellung wird deine Mimik besonders wichtig. Manchmal führt das hohe Maß an Konzentration dazu, dass wir sehr starr und ohne zu blinzeln in die Kamera schauen. Wenn du diese Reaktion bei dir einmal beobachtet hast, zwing dich hin und wieder zu blinzeln. Dein Gesicht wird sich sofort entspannen. Kontrolliere deine Positionierung. Bewege dich möglichst ruhig und achte auf deine Gestik. Wie ist der Ausschnitt? Sieht man deine Hände? Wenn ja, dann kannst du sie benutzen. Wenn nein, dann halte sie möglichst ruhig aus dem Bild. Lerne, dich ruhig und entspannt mit der Kamera zu unterhalten.

Gleichzeitig sprichst du die Zuschauer direkt an. Deswegen solltest du dich noch intensiver mit deiner Zielgruppe beschäftigen als bei Liveauftritten. Wer könnte sich dein Video anschauen? Was sind deren Interessen? Welche Tonalität solltest du anschlagen, um eine möglichst große Nähe oder Akzeptanz aufzubauen?

Reaktionszeit

Die Kameraarbeit ist mittlerweile nicht mehr den Profis überlassen, denn Kameras sind für jeden erhältlich. Du kannst dank deines Smartphones jederzeit selbstständig aufzeichnen und Ereignisse quasi live kommentieren. Du hast die Chance, in kürzester Zeit eine große Gruppe von Menschen anzusprechen. Die Möglichkeit, sofort zu reagieren, verleitet uns aber manchmal auch dazu, Botschaften vorschnell zu verbreiten. Überleg einmal, wie lange du dich für Livevorträge vorbereitest und wie schnell du Videostatements hochlädst. Die Kamera verzeiht viel weniger Fehler als eine Livesituation. Geht etwas auf der Bühne schief, dann sagt man unter Profis oft: Das verspielt sich. Und genau das passiert bei der Kamera eben nicht. Um diese hohe Reaktionszeit zu realisieren und dabei noch einen hohen Qualitätsstandard zu halten, brauchst du ein zumindest grundlegendes Verständnis von Kamera- und Tontechnik und den allgemeinen technischen Rahmenbedingungen. Mehr dazu im nächsten Kapitel.

Doch auch wenn du enorm schnell aufzeichnen kannst – gib dir genügend Zeit, Botschaften und Texte vorzubereiten. Denk immer an meine Botschaft: Content is King. Nimm dir Zeit für die Texte! Was hilft, wenn du für Social Media oder YouTube aufzeichnen möchtest, ist, in Kampagnen und Serien zu denken. So kannst du jedes Mal mit ähnlichen technischen Rahmenbedingungen arbeiten.

Imagination

Die Kameraarbeit verlangt mehr Imagination und Vorbereitung als die Livearbeit. Wenn du vor der Kamera stehst, musst du dir vorstellen, wer dich sehen könnte und wie Zuschauer möglicherweise reagieren. Zusätzlich musst du dir auch noch vorstellen, wie der Look – On Location, Studio, virtueller Hintergrund – vom Publikum wahrgenommen werden könnte.

Stell dir vor, die Kamera wäre eine Person. Lass die Kameralinse zu imaginären Personen werden. Wie würde diese Person reagieren? Wie viel Zeit würdest du den Personen in einer Livesituation zum Nachdenken und zum Reagieren geben?

Und noch ein Tipp zur Performance, den ich auch bei dem Thema Nähe hätte unterbringen können: Die Kamera verleitet, hektisch zu werden. Lass dir Zeit bei der Ansprache. Wenn du live vorträgst oder auftrittst, hast du ein Publikum, das dir hilft, ein entsprechendes Timing aufzubauen. Sobald du vor der Kamera stehst, bist du für dein Timing verantwortlich. Und in der Regel werden wir, wenn wir etwas aufgeregt sind, automatisch etwas hektisch. Immer dran denken: Ruhe, Ruhe, Ruhe und lächeln.

Wiederaufrufbarkeit

Die Wiederaufrufbarkeit stellt den größten Unterschied zu einer Livesituation dar. Dank der bekannten Abspielplattformen kannst du heute deine Botschaften über einen längeren Zeitraum zugänglich machen. Das hat den Vorteil, dass auch fremde Menschen deine Botschaften sehen und teilen, also weiterverbreiten können. Doch genau diese permanente Zugänglichkeit stellt die eigentliche Gefahr der Aufzeichnung dar. Alles, was jemals hochgeladen worden ist, ist noch lange Zeit sichtbar. Daher zweimal überlegen, bevor du etwas aufzeichnest und einmal extra darüber schauen, ob alles stimmt, und immer überlegen, wie du es löschen kannst.

Die Kameraarbeit hat vier große Vorteile. Du kannst eine große, persönliche Nähe zu deinen Zuschauern aufbauen. Du kannst schnell reagieren. Du kannst mehr Menschen ansprechen, als du es mit Liveauftritten erreichen könntest, und man kann sich die Botschaft mehrmals anschauen.

Content is King. Egal, wie schnell du reagieren kannst und möchtest, gib dir immer genügend Zeit, den Inhalt zu kontrollieren. Was einmal veröffentlicht ist, ist nur noch schwer zu löschen.

KAPITEL 17 Kameraarbeit II – Aufzeichnungsstile

Um jetzt tiefer ins Kameratraining einzusteigen, habe ich das Thema Videoaufzeichnung zusätzlich in fünf Darstellungsformen untergliedert. Dies sind die Darstellungsformen, mit denen du in der Praxis am häufigsten konfrontiert wirst: Szenische Arbeit, Aufzeichnung, Talksituation, Aufsager und Interviews. Jeder dieser Stile hat, wie du gleich verstehen wirst, seine besonderen An- und Herausforderungen. Jedoch gibt es eine Frage, die sich durch alle Formate zieht: Spiele ich IN die Kamera oder ist die Kamera Beobachter der Situation (und ich sollte vergessen, dass die Kamera überhaupt da ist)? Diese Frage ist essenziell. Du möchtest deine Zuschauer direkt ansprechen, schaust aber immer wieder an der Kamera vorbei – dann kannst du leider wieder von vorne anfangen. Wenn du aber im anderen Fall beobachtet werden sollst, du dabei aber in die Kamera schaust, ist die Magie ebenfalls hinüber.

Szenische Arbeit

Es geht um die Arbeit als Schauspieler oder Schauspielerin. Mittlerweile werden aber auch viele Doku-Produktionen filmisch aufbereitet. Größere inhaltliche Szenen werden in mehreren Einstellungen abgefilmt und später zusammengeschnitten. Die Grundlage dieser Arbeit ist der Text. Das heißt, du musst oft ein und denselben Text in mehreren Einstellungen wiederholen. Das funktioniert nur, wenn du tatsächlich jedes Mal auch ein und denselben Text ablieferst. Das wiederum bedeutet, dass du immer vorbereitet sein und deinen Text gelernt haben solltest.

Was die szenische Arbeit zusätzlich so anspruchsvoll macht, ist das hohe Maß an Fokussierung, das sie von dir fordert. Das gilt auch für Dokus. Du sollst privat wirken, aber Kamera- und Produktionsteam hängen dir zum Teil „auf der Pelle". Deswegen sollte der Text sitzen und du solltest dir in der Vorbereitung auch die bildlichen Szenen vorstellen, die zu den Texten passen.

Die szenische Arbeit fordert wie erwähnt ein hohes Maß an Imagination. Manchmal wird nur ein Part deines Dialogs aufgezeichnet, ohne dass die andere Person anwesend ist. In dem Fall solltest du dir die Fragen und Antworten deines Gegenspielers/deiner Gegenspielerin vorstellen. Gute Übung sind Telefonate. Spiel einmal ein Telefonat mit Freunden oder der Familie nach und überlege dir, was die anderen sagen könnten und wie und wann du Pausen setzt.

Wie ich es in der Einleitung schon verdeutlicht habe, ist die ganz große Aufgabe der szenischen Arbeit der Umgang mit der Kamera. Manchmal musst du die Kamera komplett ausblenden und dann wiederum ist sie dein Partner oder Partnerin und du musst in die Kamera spielen, als ob sie ein Mensch wäre. In der Regel wird dir das vor Ort auch von dem Kamerateam oder der Regie erklärt, aber je besser du vorbereitet bist, um so professioneller wirst du wahrgenommen. Zum besseren Training kannst du dir Filme ansehen und beobachten, wo die Darsteller in den unterschiedlichen Szenen hinschauen.

AZ – Aufzeichnung

Ein Event, eine Konferenz, eine Show oder eine Fernsehsendung wird aufgezeichnet. Die wichtigste Frage, die es im Vorfeld zu klären gilt: Spiele ich mit der Kamera oder nicht?

Einfachstes Beispiel: Ein Sportevent wird aufgezeichnet. Es ist sehr unwahrscheinlich, dass du inmitten eines Skirennens in die Kamera blickst oder winkst. Dir sollte aber bewusst sein, dass du von sehr vielen Menschen beobachtet wirst und deine Handlung, dein Aussehen sowie deine Kleidung permanent im Fokus stehen. Doch auch wenn du im Prinzip beobachtet wirst, kannst du im Ziel oder zum Beispiel nach einem Tor zur Kamera laufen und eine Botschaft direkt in die Kamera abliefern.

Bei den meisten Liveevents, die aufgezeichnet und gestreamt werden, wie zum Beispiel Konferenzen, spielst du für das Publikum und die Kamera wird als Verstärker für die Zuschauer genutzt, die nicht zur Veranstaltung erscheinen konnten. Aber auch dann ist es wichtig zu wissen, wo die Kameras stehen. Denn man möchte dich als Person inklusive deines Gesichtes sehen und nicht deinen Rücken. Selbst wenn du dich entschieden hast, für das Saalpublikum zu spielen, kannst du sehr wohl besondere Botschaften in die Kamera sprechen. Du musst dir aber immer überlegen, wie die Ansprache ist. Das Livepublikum ist in der Regel ein Pural: „Wie geht's euch? Schön, dass ich heute vor euch stehen darf." Und das Kamerapublikum wird häufig zur Einzelperson: „Wenn Sie eine Frage haben, schicken Sie uns eine Nachricht." „Wenn du mehr wissen willst..." Überlege dir im Vorfeld, welche Botschaften du in die Kamera sprechen möchtest und wie du das Publikum ansprichst.

Bei *NightWash* haben die Comedians früher eher für das Livepublikum gespielt und ich als Moderator mehr für die Fernsehzuschauer. Wir haben aber, um es allen leicht zu machen, die Kameras so positioniert, dass wir quasi immer frontal zur Kamera standen. Und irgendwann haben die Künstler verstanden, wann sie für das Livepublikum spielen konnten und wann sie ganz persönliche Botschaften direkt in die Kamera sprechen sollten. Geh mal deine Vortragstexte durch und überlege dir, welche Parts sich als kurze direkte Statements für die Einzel/Kamera-Ansprache anbieten.

Anders sieht es bei der Aufzeichnung einer klassischen Fernsehshow aus. Hier geht es um die Fernsehzuschauer. Das Publikum ist eher als Stimmungsverstärker zu verstehen. Aber — es gibt immer ein Aber — wenn du dich nicht um dein Livepublikum kümmerst, dann hast du keinen positiven Verstärker. Deswegen begrüßen gute Moderatoren und Moderatorinnen immer die Leute im Saal UND die Zuschauer an den Bildschirmen und sprechen das Livepublikum auch immer mal wieder an. Diesbezüglich gibt es viele unterschiedliche Aufzeichnungsphilosophien. Schau dir einfach einmal unterschiedliche Shows an und beobachte, wer, wann, wie angesprochen wird. Und das Ganze wird noch ein ganz klein wenig komplizierter, wenn du neben Kamera- und Saalpublikum noch Gäste hast. Dann musst du permanent die unterschiedlichen Welten kontrollieren.

Talksituation

Gerade im Businessumfeld wirst du häufig in Talksituationen eingeladen. Für dich wird es besonders spannend, wenn der Talk aufgezeichnet oder gestreamt wird. Drei Gesichtspunkte solltest du im Blick haben: das permanente „On", dein Gesicht und deine Haltung.

In der Regel sprichst du bei Interviews NICHT in die Kamera. Die Kamera beobachtet das Gespräch. Da die Kameras aber permanent aufzeichnen, bedeutet das für dich, dass du ständig im „On" bist. Das wiederum bedeutet, du solltest permanent freundlich und präsent sein – auch wenn du nicht redest.

Einen besonderen Augenmerk solltest du auf deine Mimik legen. Wenn wir sehr konzentriert sind oder wir mal kurz mit den Gedanken abschweifen, dann teilen wir das in der Regel dem Publikum unfreiwillig mit unserer Mimik mit. Die Kameras haben das schnell groß im Bild. Du solltest in Talksituationen durchgängig präsent sein. Manchmal musst du dich innerlich anstupsen und dir selbst sagen: Setz dich gerade. Lächle etwas. Sei präsent. Sei interessiert.

Auch wie du sitzt, ist immer eine Herausforderung. Setz dich entspannt, aber kontrolliert hin. Überlege genau, was du mit deinen Beinen machst. Sieht man zum Beispiel deine Socken oder sind die zu kurz? Kleidung, die im Stehen gut aussieht, wirkt im Sitzen oft anders. Behalte das im Blick und probiere aus, in welchem Outfit du dich wohlfühlst und was rückblickend gut aussah. Aber falls du einmal merkst, dass du die falsche Wahl getroffen hast: Lächele und vertraue deinem Inhalt. Du erinnerst dich: Content is King.
Auch wenn der Talk „beobachtet" wird, hast du in bestimmten Momenten die Chance, eine ausgewählte Botschaft – quasi als Stilbruch – in die Kamera zu sprechen. Wenn du jedoch diesen Stilbruch permanent nutzt, dann wird es auffällig und langweilig. Hebe dir solche Aktionen für Schlüsselmomente auf.

Ein klein wenig anders sieht es in Talksituationen aus, wenn du als Moderator oder Moderatorin fungierst. Jetzt bist du das verbindende Element zwischen deinen Gästen und dem Publikum. Das heißt, du musst ständig zwischen dem Anspielen der Kamera, dem Publikum und den Gästen wechseln. Überlege dir immer genau, wen möchte ich als Nächstes ansprechen und wie vermittele ich zwischen den Spielwelten? Schau dir Talkshows an und konzentriere dich auf den Moderator oder die Moderatorin. Wen sprechen die wie an und wo schauen sie hin, wenn die Gäste sprechen?

Wenn du moderierst, ist dein Gesicht genauso wichtig wie deine Fragen. Du solltest dir genau überlegen, wie viel „Kommentar" man deinem Gesicht ablesen darf. Die Zuschauer und die Kamera schauen immer wieder auf dich und wollen sehen, welchen Gesichtsausdruck du während der Antworten deiner Gesprächspartner aufsetzt.

Aufsager

Ich habe diesen Begriff mit Absicht gewählt. Du sagst etwas in die Kamera auf. Das können direkte Statements, Werbebotschaften oder auch ganze Tutorials sein. Diese Aufsager werden direkt in die Kamera gesprochen und können als Liveschalten stattfinden oder auch aufgezeichnet werden. Die Technik ist dieselbe, denn du gibst deine Antworten in die Kamera.

Was Liveschalten, wie man sie oft von Nachrichten kennt, so anspruchsvoll macht, ist, dass Ton und Bild oft räumlich getrennt sind. Sprichst du mit einem echten Menschen, dann kommt der Ton von dem Ort, an dem er oder sie steht. Bei einer Liveschalte kann der Ton deiner Gesprächspartner von überall eingespielt werden, zum Beispiel über Boxen, die hinter dir stehen oder über Kopfhörer (In-Ear). Aber die Kamera ist deine Bezugsperson. Das heißt, auch wenn der Ton deines Interviewpartners von der Seite eingespielt wird, musst du nach vorne schauen und darfst dich nicht ablenken lassen.

Bei Aufzeichnungen spielt deine Vorstellungskraft eine große Rolle. Du musst dir überlegen, wer deine Zuschauer sind. Du musst dir überlegen, wie du sie ansprechen willst, in welchem Tempo und dabei natürlich deinen Text nicht vergessen. Du solltest im Vorfeld absprechen, ob du das Aufzeichnungsmaterial in der Postproduktion schneidest oder ob du mit One-Takes arbeitest. Die Postproduktion von Aufsagern kann zum Teil komplizierter werden als die von der szenischen Arbeit. Bei der szenischen Arbeit planst du den Schnitt schon im Vorfeld. Bei Aufsagern hast du nur eine Einstellung und verfügst daher über wenige Schnittmöglichkeiten, nämlich von der „Totalen" in die „Nahe" (Zoom). Die YouTube-Welt hat hier eine ganz neue Ästhetik generiert. Mittlerweile ist es vollkommen normal, wenn du harte Schnitte und viele Effekte einbaust. Gute Ideen, wie du Aufsager schneiden kannst, findest du auf YouTube oder in meinen begleitenden Tutorials.

Wenn du lange Sequenzen mit einer Kameraeinstellung aufzeichnest, wird häufig auch mit Teleprompter gearbeitet. Mithilfe eines Teleprompters kann dein Text auf einem Glasdisplay vor der Kameralinse ablaufen. Das kannst du mit einem Tablet und der passenden App[9] auch zu Hause einrichten. Der Aufwand ist jedoch nicht zu unterschätzen und du solltest das Ablesen auch gründlich proben und darauf achten, dass deine Augen dem Text möglichst wenig folgen.

Ein Trick erfahrener Moderatoren und Moderatorinnen ist der Einsatz von Moderationskarten oder Textblättern. Tatsächlich werden die Texte vom Teleprompter abgelesen, aber der Einsatz von Karten vermittelt den Zuschauern das Gefühl, dass die Moderatoren die Texte frei können und nur hin und wieder zum Faktencheck auf die Karten schauen.

Interview

Eine Situation, in die du bestimmt mehrmals kommst. Du wirst interviewt zu deinem Unternehmen, zu deiner Arbeit, auf einem Event, auf einem Sportereignis oder nach einem Auftritt. Bei einem Interview ist der Fragesteller mein Ansprechpartner. Du sprichst nicht in die Kamera, sondern mit dem Ansprechpartner oder der Ansprechpartnerin. Manchmal musst du aber diese Situation faken, das heißt, es gibt gar keinen Ansprechpartner, sondern die Fragen werden später im Studio gestellt. Der Unterschied ist absolut wichtig. Sprichst du mit deinem Interviewpartner, dann schaust du auch diese Person an und die Kamera beobachtet euch. Oft sieht man aber die Person nicht, sondern „spürt" sie nur. In diesen Fällen schaust du fast immer knapp an der Kamera vorbei zu deinem Interviewpartner oder -partnerin.

Werden die Fragen für Studio-Einspieler aufgezeichnet, wird dir vor Ort jemand die Fragen stellen, du sollst jedoch die Antworten direkt in die Kamera sprechen (Aufsager). Denk daran, dass du auch in den Sequenzen, in denen dir die Fragen gestellt werden, aufmerksam schaust, denn manchmal werden auch deine Blicke im Schnitt genutzt.

Videocalls

Videokonferenzen haben der Covid-Pandemie zufolge enorm an Bedeutung gewonnen. Viele der bisher beschriebenen Erkenntnisse und Tipps kannst du auch in Videocalls umsetzen. Zu diesem Thema habe ich zu Beginn der Pandemie bereits ein Video-Tutorial aufgesetzt. Über den folgenden QR-Code kannst du es dir jederzeit einmal ansehen:

Wie du siehst, ist die Kameraarbeit extrem umfangreich, aber ich denke, dass du mit dem hier gelieferten Grundlagenwissen schon gut gerüstet bist, dich deutlich weiterzuentwickeln. Die oben beschriebene Liveaufzeichnung ist ein anschauliches Beispiel dafür, was Auftrittssituationen im Allgemeinen so anspruchsvoll macht. Es ist die Summe vieler kleiner Gewerke, die du beherrschen musst. Und oft wirkt das Gesamtpaket so unübersichtlich, dass du dich erst gar nicht auf solche Projekte einlässt. Deswegen brauchst du ein grundlegendes Basiswissen, damit du dich nicht abschrecken lässt und dich traust anzufangen. Nur so kannst du die nötige Erfahrung aufbauen. Je größer die Erfahrung wird, umso klarer kannst du Auftritts- und Vortragssituationen kontrollieren. Und diese Kontrolle wird von Zuschauern oft als „Persönlichkeit" beschrieben.

Wie bei Liveauftritten gilt auch bei den unterschiedlichen Formen der Videoaufzeichnung: Content is King. Doch um den Inhalt „ins rechte Licht" zu rücken, solltest du die Kameraarbeit verstehen, um sie bestmöglich zu nutzen.

Die Arbeit vor der Kamera erfordert ein hohes Maß an Professionalität, weil du nicht so intuitiv arbeiten kannst wie in Livesituationen. Aufgrund der direkten Ansprache einzelner Zuschauerpersonen und dem Gefühl der Nähe, die die Kamera vermittelt, ist die Kameraarbeit ein wichtiger Faktor beim Aufbau deiner Persönlichkeit.

KAPITEL 18 Kameraarbeit III – First Impression – Videocall

In diesem Kapitel möchte ich die Erkenntnisse und Methoden aus dem Kapitel 2.12 First Impression auf das Thema Videocall und Videokonferenzen anwenden und vertiefen.

Videocalls und Videokonferenzen haben, auch wenn sie schon lange verfügbar sind, in der letzten Zeit merklich an Bedeutung gewonnen. Genau wie bei Liveauftritten solltest du auch in diesen Situationen auf das Thema First Impression achten. Jedoch unterscheidet sich die eigentliche Anfangssituation eines Videocalls grundlegend von der eines Liveauftritts. Im Gegensatz zu Liveauftritten oder Vorträgen sieht man dich erst in dem Moment, wenn du dich in den Call einschaltest. Aber dafür stehst du bei Videocalls nach der Einwahl sofort im vollen Fokus.

Was Videocalls häufig so herausfordernd macht, ist die Tatsache, dass wir sie viel enger takten und knapper in unseren Tagesablauf einbauen als zum Beispiel ein Livemeeting oder sogar eine Präsentation. Für eine Präsentation in deiner Firma oder der Uni musst du zumindest den Platz oder den Raum wechseln und auf diesem Weg hast du eine kurze Nachdenkzeit. Bei einem Videocall wählen wir uns oft ein und überlegen uns erst dann, was gleich passiert.

Frag dich einmal, wie oft du in einen Videocall gegangen bist und deine Position und deine Kamera eingerichtet hast, nachdem du zugeschaltet warst. Und frage dich auch einmal, wie oft du dich während des Calls gefragt hast, wer eigentlich zugeschaltet ist und warum du überhaupt daran teilnimmst und was das Thema ist. Die Folge ist, dass du beim Videoanruf häufig nicht wirklich sofort präsent bist, geschweige denn inhaltlich vorbereitet.

Trag den Videocall 10 Minuten früher in deinen Kalender ein. Diese Vorbereitungszeit solltest du institutionalisieren. Eine andere Möglichkeit ist es, die Videocalls nicht auf die volle oder halbe Stunde zu planen, sondern 10 Minuten später, zum Beispiel um 10:10 Uhr. In dieser Zeit solltest du, wie bei Livepräsentationen üblich, noch einmal schnell durch die Briefingunterlagen gehen. Mit wem spreche ich gleich und warum?

Als Nächstes solltest du deine technischen Einstellungen überprüfen. Welchen Hintergrund hast du gewählt? Bitte einmal kurz Ton und Kamera checken. Und dann der wichtigste alle Tipps: Erst lächeln und dann den Einwahlknopf drücken.

Hier noch ein großer Unterschied zwischen Live- und Videogesprächen. Sobald du vor deinem Publikum stehst oder dich am Konferenztisch erhebst, beginnt dein Vortrag, Auftritt, Interview oder Gespräch. Bei Videocalls ist es aber oft so, dass die Teilnehmer in den ersten Minuten nach und nach eintrudeln. Wahrscheinlich ist auch ihr Tag eng getaktet und auch sie haben sich erst in der letzten Minute vor den Rechner gesetzt.

Diese Minuten, bis es endgültig losgeht, können immer etwas unangenehm für alle sein. Die teilnehmende Person, die es schafft, mit ein paar freundlichen Bemerkungen und Fragen für eine lockere Stimmung zu sorgen, wird immer als sozial kompetent und souverän wahrgenommen. Die Amis nennen so etwas Small Talk. Ich finde, dass wir Small Talk in Europa und insbesondere in Deutschland nicht genügend verstehen und schätzen. Obwohl Small Talks[10] oft als oberflächlich und belanglos bewertet werden, können sie dir enorm bei der Entwicklung von Beziehungen helfen. Bevor sich alle anschweigen und immer unsicherer werden, ist Small Talk für das weitere Gespräch fast immer hilfreicher. Du kannst dadurch eine freundliche und einladende Atmosphäre erschaffen, die bewirkt, dass sich die anderen Teilnehmer entspannen – was dir wiederum hilft, Vertrauen aufzubauen.

Bereite bitte eine Sammlung von Fragen vor, die du in solchen Fällen immer stellen kannst. Die üblichen Themen sind Wetter, Sport und Kinder. Um deinen Katalog etwas kreativer zu gestalten, geh im Vorfeld einmal durch die Social-Media-Kanäle der Teilnehmer, ohne dir jedoch zu persönliche und zu politische Fragen auszudenken. Erfahrungsgemäß findest du gute Themen auf den LinkedIn-Kanälen.

Plane Videocalls immer mit 10 Minuten Vorbereitungspuffer ein. Checke die Teilnehmerliste und überprüfe Licht, Kamera und Toneinstellung. Und sei vorbereitet, einige Minuten Leerlauf mit freundlichen Gesprächen zu füllen.

Das Thema First Impression wird bei Videocalls oft unterschätzt – dabei bist du aufgrund der Kamera viel näher an deinen Gesprächspartnern als in einer Livesituation. Achte auf alle deine Möglichkeiten, wie du sofort Kompetenz und Sympathie ausstrahlen kannst.

Die Mode

KAPITEL 1 Moderation vs. Auftritt

ration

Ich möchte den Themenblock Moderation gerne mit drei Fragen beginnen. Ist dieses Thema wirklich interessant für dich? Ist Moderieren etwas anderes als Auftreten? Wie könnte man die Rolle eines guten Moderators oder Moderatorin beschreiben und auf den Punkt bringen?

Vielleicht denkst du bei dem Begriff des Moderierens sofort an große Fernsehproduktionen oder an Konferenzen oder Liveshows. Aber jedes Seminar, jede Teamsitzung, jeder Workshop und jede private Party wird an irgendeiner Stelle von irgendeiner Person und daher mit Sicherheit auch öfter von dir moderiert oder demnächst moderiert werden. Vielleicht moderierst du nicht die komplette Veranstaltung und wechselst schon schnell von der moderierenden in die vortragende Rolle. Das heißt, du begrüßt Zuschauer, Gäste, Studierende, die Belegschaft oder dein Team. Dann klärst du als Nächstes die Tagesordnung, lieferst noch einen netten Spruch zur Auflockerung und wechselst dann in die Rolle des Vortragenden. Doch all diese kleinen Ansagen zu Anfang und am Ende sowie die komplette koordinative Arbeit fallen in den Aufgabenbereich der Moderation.

Ist Moderieren anders als Auftreten? Ich würde mich einmal aus dem Fenster legen und sagen: Jein. Natürlich sind die Bühnenfähigkeiten dieselben. Das heißt, all das, was du bisher gelesen und gelernt hast, kannst du auch bei der Moderation einsetzen. Du solltest deine Stimme und die technischen Rahmenbedingungen beherrschen. Du solltest vorbereitet sein, deinen Text draufhaben und Themen wie Timing, Dramaturgie und Publikumsorientierung verstehen. Doch zusätzlich solltest du noch der Lage sein, andere Menschen zu präsentieren und die Gesamtveranstaltung im Auge zu halten. Und damit kommen wir auch schon zu den großen Unterschieden.

Als Künstler und Künstlerin und auch als Experte und Expertin bist du der Star des Abends. Du lieferst den Input und die Unterhaltung. Die Moderatoren sind die Dienstleister, die dafür sorgen, dass die Gesamtveranstaltung funktioniert und du als Künstler, Künstlerin, Experte oder Expertin entsprechend eingeführt und verabschiedet wirst. Daher beschreibe ich Moderatoren und Moderatorinnen gerne mit dem Begriff Gastgeber oder Gastgeberin. Im Englischen benutzt man oft den Begriff „Host". Denn wie auf deiner Party bist du als Moderator oder

Moderatorin verantwortlich für die Begrüßung, solltest die Stimmung deiner Gäste im Auge haben und bist für die organisatorischen Abläufe verantwortlich. Du solltest wissen, wann es wo etwas zu essen gibt. Wann sie zuhören sollen und wie das Licht wieder angeht. Ähnliches wird von dir auch auf Veranstaltungen erwartet – außer, dass du deine Party auch noch selbst finanzieren musst.

Dein Job als Moderator oder Moderatorin ist es, den anderen einen Teppich auszurollen, auf dem sie – also die Stars, Experten und Gäste – sich sicher bewegen können. Im nächsten Schritt bist du der Vermittler zwischen den Gästen auf der Bühne und den Zuschauern im Publikum. Du bist für die Grundstimmung verantwortlich und solltest reagieren, wenn irgendetwas schiefläuft. Ein Mikrofon fällt aus, die Künstler überziehen, ein Gast kommt zu spät oder Autos sollen umgeparkt werden. Denk noch einmal kurz an deine Party. Ist es nicht erstaunlich, auf welch schräge Ideen deine Gäste im Laufe eines Abends kommen können?

Doch letztendlich spielt es kaum eine Rolle, wie hart du gearbeitet hast – am Ende erinnert man sich nicht an dich, sondern ob die Party gut oder schlecht war. Stopp, ich möchte die Aussage noch einmal etwas anpassen: Man erinnert sich an dich, WENN die Party doof war. Pech, das ist der Job. Du bist eben mehr Dienstleister als Star. Deswegen bekommen Moderatoren jedoch meistens eine gute Gage, denn es ist eine höchst verantwortungsvolle Aufgabe. Aber wenn du lernst, nicht nur die Gage, sondern diese Aufgabe und diese Verantwortung zu genießen, dann hilft das erstens der Veranstaltung und zweitens wird es zu einer sehr erfüllenden Arbeit.

MERKE:

Du wirst häufiger moderieren müssen, als du es dir vorstellst. Nicht nur Shows, sondern jede Feier, jede Teamsitzung und jedes Seminar wird in irgendeiner Weise an- und abmoderiert.

FAZIT:

Der Moderator oder Moderatorin ist wie auf einer Party der Gastgeber oder Gastgeberin (Host) der Veranstaltung. Deine Aufgabe ist es, die Gäste (Experten und Stars) ins rechte Licht zu stellen, Atmosphären zu erzeugen und da zu sein, wenn etwas schiefgeht.

KAPITEL 2
Moderationsaufgaben

Was zeichnet gute Moderatoren aus? Was sind deine besonderen Aufgaben, welche Fähigkeiten solltest du dir neben den klassischen Bühnenskills aneignen bzw. beachten?

Anmoderation

Die offensichtlichste aller Moderationsaufgaben ist sicherlich das „Ansagen" der Gäste. Du wirst gleich noch sehen, dass Moderieren darüber hinaus noch viele weitere Aufgaben beinhaltet. Aber du wirst keine Moderation erleben, wo du nicht zumindest eine reale oder möglicherweise auch virtuelle Person ankündigen wirst. Deine Aufgabe ist es, Gäste und Teilnehmer vorzustellen und ihnen sozusagen den Teppich auszurollen. Je unbekannter jemand ist, umso mehr solltest du die Expertise der Person in den Vordergrund stellen. Wenn jemand bekannter ist, musst du weniger über die Expertise der Person sagen, als viel auf die Tatsache hinweisen, wie toll diese Person als Mensch ist oder wie sehr du dich freust, dass er oder sie überhaupt hier ist. Versuche jedoch immer eine glaubwürdige Anmoderation zu liefern. Schwierig ist die Floskel „bekannt aus Funk- und Fernsehen". Stell dir vor, du wirst so angesagt und dich kennen nur wenige, dann wirst du, wenn du aufgehst, in vielen Gesichtern der Zuschauer die Frage lesen: „Wer ist das denn? Der oder die ist doch gar nicht bekannt?!" Und schon wirst du als Schaumschläger und Angeber abgeurteilt. Vermeide Klischees, wenn du moderierst. Suche nach Fakten, die den USP und die Expertise der anzusagenden Person hervorheben.

Publikumsmanagement

Deine zweite große Aufgabe ist das Thema Publikumsmanagement. Du bist nicht nur der Ansager oder die Ansagerin, sondern du bist Mittler zwischen Publikum und Bühne und solltest dich daher nicht nur um deine Gäste, sondern auch um dein Publikum kümmern. Ein Beispiel aus der Fernsehwelt: Bei großen Aufzeichnungen wird das Publikum manchmal als Staffage betrachtet. Man braucht Menschen, die im Hintergrund sitzen, an den richtigen Stellen lächeln und passend reagieren und somit zur Verlängerung des Bühnenbilds werden. Mittlerweile ist es üblich, dass eine Person ein Warm-up durchführt, um das Publikum in die richtige Stimmung zu versetzen und ihm zu erklären, wann es lachen, wohin es schauen und wohin es nicht schauen sollte. Zum Beispiel nicht direkt in die Kamera. Gute Moderatoren und Moderatorinnen überlassen diese Arbeit nicht nur den Warm-uppern, sondern kommunizieren vor der Sendung selbst mit dem Publikum und sprechen es auch während der Aufzeichnung immer wieder an. Ich halte es für essenziell, dass du dein Publikum gut behandelst und permanent beobachtest (liest). Insbesondere bei Comedy-Sendungen war es mir ganz wichtig, dass sich die Zuschauer wohl fühlen, denn wenn die keinen Bock haben und nicht ehrlich reagieren, fehlt den Comedians der Feedback-Kanal. Aber es ist auch wichtig, dass du versuchst, eine ehrliche Stimmung zu generieren. Ein Publikum, das beim kleinsten Gag ausrastet, ist auch nicht hilfreich, denn dann wundern sich die Zuschauer am Bildschirm, was haben die denn genommen? Ich denke, für diesen Fall gibt es genügend Beispiele.

Das Publikumsmanagement zieht sich durch die gesamte Veranstaltung. Wann werden die Zuschauer unruhig, müde oder reagieren vielleicht zu laut? In solchen Momenten musst du spontan reagieren und ehrlich mit dem Publikum kommunizieren. Nimm die Zuschauer mit auf die Reise. Wie lange dauert es noch? Worum geht es grundsätzlich? Mache ihnen deutlich, warum sie so wichtig sind.

Neben der Stimmungsteuerung bist du auch für organisatorische Fragen zuständig. Ein Beispiel, dass ich oft benutze: Ein Geschäftsführer oder eine Geschäftsführerin kann das Buffet eröffnen, aber wenn sie erzählen, wann und wo die Busse abfahren oder wo die Toiletten sind, kommen diese Ansagen immer etwas unprofessionell rüber. Als Moderator oder Moderatorin ist das aber Teil deines Jobs und keiner findet das seltsam. Das ist immer eins der Argumente, warum externe Moderatoren oder Moderatorinnen jede Veranstaltung sofort als hochwertig erscheinen lassen.

Des Weiteren solltest du das Publikum zu Anfang auch in seine Aufgabe einführen: zuhören, unterstützen, neugierig sein, Fragen stellen. Wenn es in der Veranstaltung darum geht „neue Gesichter" vorzustellen, dann teile das den Zuschauern ebenso mit. Nach meiner Erfahrung ist es in Ordnung zu sagen, dass gleich jemand zum ersten Mal auf der Bühne steht. Aber schlimm finde ich Sätze wie: „Jetzt müssen Sie oder Ihr besonders gut zuhören. Jetzt brauchen wir Ruhe und Aufmerksamkeit." Sorry – die Aufmerksamkeit brauchen wir immer! Was wir jetzt wirklich brauchen, ist Neugierde und die Freude, endlich einmal etwas Neues zu erleben. Du darfst nie um Mitleid bitten.

Das heißt für dich, dass du nicht nur mit deinem Publikum kommunizieren, sondern dass du dein Publikum auch diskret erziehen solltest. Frage dich, wie das perfekte Publikum für die Veranstaltung aussehen könnte und wie du das tatsächlich vor dir sitzende Publikum dorthin führen könntest. Und das geht nur, wenn du dein Publikum ernst nimmst.

Zeitmanagement

Zeitmanagement ist das nächste Zauberwort der Moderation. Du solltest die Gesamtveranstaltung im Blick haben (s. Kapitel 4.1 Gesamtverständnis), angefangen von der Dauer der Gesamtproduktion (Beginn der Probe bis Ende der Veranstaltung). Als Nächstes ist es dein Job, den eigentlichen Event zu kontrollieren und zu steuern. Wie lange brauchen die Gäste, bis sie auf der Bühne sind? Musst du Umbauten überbrücken und was machst du mit Überziehungen der Gäste? Der Aspekt der Überziehung ist das große Thema, mit dem du immer wieder konfrontiert wirst. Was tun?
Ich war einmal in meiner Anfangszeit für eine große Unternehmensgala als Sidekick von Günther Jauch eingekauft. Gastredner war der damalige Ministerpräsident vom Saarland, Oskar Lafontaine, sowie der Bundeskanzler Helmut Kohl. Und Dr. Kohl hat ein wenig überzogen. So etwa 60 Minuten – und alle sind sehr nervös geworden. Das Catering wusste nicht, wie es das Essen noch warmhalten sollte und die danach auftretenden Artisten bereiteten sich seit ca. 90 Minuten permanent vor. Erst wurde Günther Jauch und anschließend ich gebeten, ob wir nicht auf die Bühne gehen und Herrn Kohl ein Zeichen geben könnten. Sagen wir mal so, ich habe einmal diskret gewinkt und Günther Jauch mit Sicherheit auch. Aber viel mehr haben wir auch nicht machen können. Es ist nicht einfach, dem amtierenden Bundeskanzler zu sagen: „Du Herr Bundeskanzler, wir haben Hunger und die Jongleure wollen jetzt mal loslegen."

Mittlerweile würde ich bei den meisten Leuten tatsächlich auf die Bühne gehen und diskret ein Zeichen geben, aber es gibt Situationen, da kannst du einfach nichts machen. Überziehungen kannst du eigentlich nur gut im Vorfeld entschärfen. Deswegen ist es so wichtig, dass du solche Situationen rechtzeitig ansprichst. Selbst Super-Promis kannst du im Vorfeld auf das Thema Zeit kurz ansprechen. Zumindest wissen sie es dann. Was immer hilft, ist ein Display, zum Beispiel Tablet mit Zeitanzeige. Meine Lieblings-App ist der Performance Timer[11]. Damit kannst du Daten remote steuern. Erfahrungsgemäß funktionieren solche Zeitdisplays besser als analoge Zeichen, wie zum Beispiel Gelbe und Rote Karten.

Bühnenmanagement

Eine weitere Aufgabe der Moderation ist das Bühnenmanagement. Hier geht es um die Themen Organisation und Überbrückungen von Umbauten sowie Platzierungswechsel und Positionierung deiner Gäste auf der Bühne. Der erste Punkt ist recht schnell erklärt. Du solltest bei der Probe immer nachfragen, was wann umgebaut und bereitgestellt werden soll und dies in deine Moderationen einbauen. Wenn Umbauten während der Veranstaltung länger dauern als geplant, solltest du die Zeit selbstverständlich überbrücken (Zeitmanagement). Geht es schneller, dann solltest du auch in der Lage sein, deine Moderation zu kürzen. Platzierungswechsel ist ebenfalls schnell zu erklären. Manchmal müssen Gäste von der Bühnenmitte nach dem Vortrag zum Talksofa geleitet werden oder von der Spiel- oder Präsentationsstelle zum Stehtisch. Dabei solltest du im Blick haben, ob jemand stolpern könnte oder durch ein Projektionslicht läuft oder sich ständig mit dem Rücken zum Publikum bewegt. Gerade die Ausrichtung der Gäste zum Publikum ist eine wichtige Aufgabe. Du solltest insbesondere bei Gesprächen immer ein Auge auf die Ausrichtung deiner Gäste haben und sie notfalls diskret in die richtige Position bringen. Eine falsche Ausrichtung sieht man als Zuschauer sofort, fällt dir aber auf der Bühne oft nicht auf. Du empfindest deinen Gesprächspartner oder -partnerin als spannend und bist voll auf ihn oder sie ausgerichtet. Du hast das Gefühl, dass du empathisch und voller Körperspannung auf der Bühne stehst oder sitzt. Leider sehen die Zuschauer das anders, denn die sehen nur deine Seite oder Rücken und empfinden dich schlimmstenfalls als arrogant oder unhöflich. Es ist nicht einfach, zur Seite zu sprechen, ohne den Körper komplett mitzudrehen. Keine Sorge, wenn das ein- bis zweimal passiert, aber es sollte nicht zur Grundausrichtung werden. Du als Moderator solltest deine Gäste immer wieder in die richtige Ausrichtung führen. Dafür gehst du einen Schritt vor oder du sprichst die Zuschauer direkt an, was automatisch alle wieder zu den Zuschauern ausrichtet.

MERKE:

Neben dem klassischen Ansagen hast du viele „kleine" weitere Aufgaben wie Publikums-, Zeit- und Bühnenmanagement.

FAZIT:

Moderieren ist mehr als nur Ansagen. Du hältst die Veranstaltung zusammen und solltest nach und nach ein Gefühl für das große Ganze entwickeln und verstehen, wie du den Event diskret lenken und leiten kannst.

KAPITEL 3
Moderations-Mindset

Neben den Auftritts- und Moderationstechniken ist der Aufbau des richtigen Moderations-Mindsets einer der Faktoren, der dir helfen wird, dass dein Leben als Moderator oder Moderatorin leichter wird und du dadurch deine Jobs noch besser abwickeln kannst. Ich habe vier Eigenschaften herausgearbeitet, die ich als wichtig empfinde.

Geduld

Wenn du moderierst, solltest du wirklich geduldig sein, da die Tage oft lang sind. Du bist häufig von der ersten Probe bis zur letzten Absage anwesend. In der Anfangszeit fühlen sich Proben noch aufregend und spannend an, aber irgendwann kennst du die Abläufe, und alles dauert einfach lange. Dann hilft es dir, wenn du Proben nicht als Zeitfresser, sondern als vorbereitenden Teil deiner Arbeit ansiehst. Gerade wenn du solche Abläufe noch nicht verinnerlicht hast, kann es gut sein, dass du die Dauer unterschätzt und zum Ende der Veranstaltung körperlich abbaust. Schau zu, dass du nicht zum Ende hin die gute Laune verlierst. Trink genügend, überlege, wann du etwas essen kannst, und nutze kleine Pausen. Lies Abläufe und Dispos (s. Kapitel 1.5 Auftrittsbriefing) genau durch. Dort steht alles, was du zur richtigen Planung brauchst.

Verantwortung

Als Moderator oder Moderatorin übernimmst du die Verantwortung für Gäste und Zuschauer, aber auf der organisatorischen Ebene. Während der Proben reicht es oft, wenn du freundlich bleibst, zuhörst und dabei hilfst, die entsprechenden Ansprechpartner zu finden. Sobald die Veranstaltung jedoch begonnen hat, liegt die Verantwortung definitiv bei dir, Lösungen zu suchen und initialisieren. Diese Verantwortungsübernahmen kannst du aber auch eine Chance verstehen. Sobald du als Moderator oder Moderatorin merkst, dass die anderen vielleicht noch nervöser sind als du und verstehst, dass es deine Aufgabe ist, sich um die anderen zu kümmern, dann verliert erfahrungsgemäß die eigene Nervosität schnell an Bedeutung. Ich halte diese Erkenntnis für eine wichtige Hilfe zum Thema Nervosität. Sobald du die Mission deiner Aufgabe wahrnimmst, baut sich dein eigener Druck, also deine Nervosität etwas ab.

Entscheidungen

Wenn du auf der Bühne stehst, musst du immer Entscheidungen treffen. Aber wenn du moderierst, kommt noch die ein oder andere „Mehrentscheidung" hinzu, denn der Tag ist oft lang. Außerdem bist du nicht nur für deinen Vortrag, sondern für die gesamte Veranstaltung mitverantwortlich. Sobald die Veranstaltung beginnt und du auf der Bühne oder vor der Kamera stehst, bist du der Chef oder die Chefin. Du musst Entscheidungen treffen, wenn jemand überzieht, die Technik nicht mitspielt, jemand stört oder ein Gast nicht auftritt. In solchen Situationen hilft es, wenn du eine gute Beziehung zum Team aufgebaut hast und im Vorfeld klare Kommunikationswege mit den Backstage-Verantwortlichen besprochen hast. Aber wenn dir niemand zur Hilfe kommt, dann musst du eben eine Entscheidung treffen (s. Kapitel 4.7 Entscheidungen).

Spaß haben

Ich hätte auch sagen können, halte deine Eigenmotivation hoch. Wie ich sicherlich schon erwähnt habe, ist dein Gesicht der Spiegel deiner Gefühle, und wenn du den Spaß verlierst, sieht man es dir schnell an. Da du die Ansprechperson für die Veranstaltung bist, schaut man dich oft an. Dementsprechend hast du drei Möglichkeiten. Wenn du den Spaß verlierst oder besonders müde wirst, dann zieh dich – wenn es geht – zurück. Oder lächele, auch wenn du dich nicht so fühlst. Oder sorge dafür, dass du den Spaß nicht verlierst, und halte deine Eigenmotivation hoch. Überlege dir, warum du diesen Job gerne machst. Mach dir klar, dass du für mehr als nur deine Moderation verantwortlich bist und stell dir vor, dass es mehr Freude macht, nach einem guten als nach einem mittelmäßigen Job nach Hause zu gehen. Ein Spruch, den ich aus dem Sport kenne, aber angeblich von George Best stammt,[12] hat mir schon oft geholfen: „Pain is temporary, but glory lasts forever."

MERKE:

Moderation ist, als ob du Schiedsrichter bei einem Marathonlauf bist. Du musst geduldig bis zum Ziel nebenher laufen, Verantwortung übernehmen, Entscheidungen treffen, und während die anderen gefeiert ins Ziel laufen, klatschen und nie den Spaß verlieren.

FAZIT:

Neben den klassischen Bühnentechniken ist der Aufbau eines Moderations-Mindsets essenziell für eine hervorragende Moderationsarbeit.

KAPITEL 4
Moderationsspezifische Anforderungen

Es gibt einige Aspekte der Bühnenarbeit, die in der Moderationswelt eine andere Wichtigkeit erhalten als in der klassischen Vortrags- und Auftrittsarbeit: zum Beispiel der Umgang mit Moderationskarten, die passende Kleidung oder auch das Thema Maske.

Moderationskarten

Die Frage, ob du deine Moderationen auswendig lernen oder mit Moderationskarten arbeiten möchtest oder solltest, ist von deinem persönlichen Auftrittsstil und oft auch vom jeweiligen Event abhängig. Manche Moderatoren und Moderatorinnen arbeiten gerne mit Karten, andere eben nicht. Manche Moderatoren kleben sich Stichwörter auf den Boden und manche lernen ihren Text vor jeder Moderationssequenz. Es gibt Tagungen, die gehen zum Teil über Tage, und Abläufe ändern sich ständig, in solchen Fällen wirst du an Textblättern und insbesondere an der Arbeit mit Moderationskarten nicht vorbeikommen. Es hilft, wenn du im Vorfeld den Umgang mit Texten und Moderationskarten ausprobierst und dir überlegst, mit welcher Größe du arbeiten möchtest. Kleine Karteikarten, (Post- und Autogrammkarten in DIN A6) kann ich in Jackentaschen wegstecken. Auf großen Karten (DIN A5) kannst du mehr (oder größere Typo) schreiben, die sind aber komplizierter zu halten. Achte auch auf die Rückseite der Karten. Vielleicht bittest du um Karten mit dem Logo der Veranstaltung oder nimmst farbige Karten. Doppelseitig bedruckt sieht oft nicht schön aus.

Zusätzlich solltest du dir überlegen, mit welcher Art von Mikro du arbeiten möchtest (s. Kapitel 1.10 Ton). Mit ein wenig Übung schaffst du es auch mit Karten UND Handmikro zu arbeiten. Aber dann solltest du dir noch überlegen, wo du die Karten ablegen kannst und ob deine Kleidung tatsächlich Taschen zum Verstauen hat. Check immer die Schriftgröße. Erfahrungsgemäß lässt die Sehfähigkeit im Laufe des Lebens etwas nach. Und irgendwann kommt der berühmte Tag, wo du deine eigenen Karten nicht mehr lesen kannst. Und – immer Nummerieren. Es gibt nichts Schlimmeres, als den Überblick über deine Texte zu verlieren. Aber keine Sorge, das ist keine Geheimwissenschaft. Das sind alles Herausforderungen, die du mit etwas Erfahrung (und mit diesem Buch noch schneller) lösen wirst.

Outfit

Das Thema Outfit, Kleidung und Maske ist ein weiterer Arbeitsbereich, in dem sich Moderation und Auftritt unterscheiden. Wenn ich für einen Vortrag angefragt werde, dann sehe ich so aus, wie ich aussehe. Wenn ich als Experte eingeladen bin, kann ich in Lederhose, im Dirndl oder in einem Jogginganzug auftreten. Das spielt keine Rolle. Im Gegenteil, es kann sogar zu einem wichtigen Teil meiner Botschaft werden. Wenn ich in kurzer Hose auf einer Finanztagung auftrete, dann ist schon das Outfit eine Botschaft. Wenn ich als Künstler oder Künstlerin, zum Beispiel Cindy aus Marzahn oder Atze, für eine Gala eingekauft werde, dann trete ich ja in meiner Rolle auf und werde meiner Figur entsprechend aussehen.

Wenn ich als Moderator engagiert werde, sehe ich die Herangehensweise etwas differenzierter. Als Moderator oder Moderatorin bist du die Visitenkarte und das verbindende Element der Veranstaltung und diesbezüglich versuche ich meinen Kleidungsstil der jeweiligen Veranstaltung diskret anzupassen. Das heißt nicht, dass du dich vollkommen anpassen und verbiegen musst. Du solltest dir nur überlegen, wie du mit deiner Persönlichkeit und in deiner Rolle den Event unterstützen kannst. Überlege einmal, wie das bei dir zu Hause wäre: Du ziehst dir bestimmt für eine Weihnachtsfeier oder eine Grillparty oder eine Hochzeit etwas anderes an. Und doch bleibst du immer dieselbe Person. Du zeigst nur eine andere Facette von dir. So kannst du dieses Thema auch angehen, wenn du als Künstler oder Künstlerin angefragt wirst, in deiner Rolle zu moderieren.

Funktionelle Kleidung

Denk bei der Kleidung nicht nur an den Look, sondern auch an die Funktion. Wie viel schwitzt du? Wie lange dauert die Veranstaltung? Stehst du oder sitzt du? Wie warm ist die Kleidung? Passt die Farbe zum Bühnenbild? Kommst du mit deinem Outfit die Treppen hoch? Wie siehst du aus, wenn du sitzt? Hast du passende Schuhe an und wie lang oder kurz sind die Socken? Alles Fragen, die bei Moderationen eine noch größere Rolle spielen als bei Auftritten und Vorträgen. Ich kann dir nicht jede Frage auflisten und beantworten, aber ich kann dich zu mehr Sensibilität bezüglich dieses Themas hinführen und dann wird sich dir vieles von selbst erklären.

Ersatzkleidung

Wenn du moderierst, ist es immer hilfreich, wenn du Ersatzkleidung mitnimmst. Die Tage sind oft lang und du isst immer dann, wenn du hungrig und dadurch auch oft unkonzentriert wirst. In solchen Momenten gibt es nicht verlockenderes als einen Teller Spaghetti Bolognese (gibt's auch vegan) und danach merkst du: „Super – und mit dem neuen Look auf meinem Hemd muss ich gleich auf die Bühne." Oder du hast ein ganz, ganz tolles Abendkleid ausgewählt und stellst fest, dass du zwei Stunden in der Kälte stehen musst (bei mir war das Kleid ein sehr dünner Anzug). Deswegen achte bei Recherche und Briefing (s. Kapitel 1.5 Auftrittsbriefing) auch auf Dauer und genaue Beschreibung des Veranstaltungsorts und nimm immer ein oder zwei Ersatzteile mit – denn Schwitzen gibt es auch noch.

Maske

Für einen Auftritt oder Vortrag reicht es meistens, etwas Abdeckpuder gegen das Glänzen aufzulegen. Wenn du nicht weißt, wie das geht, frag nach, geh in die Parfümerie deines Vertrauens oder schau dir ein YouTube-Tutorial an und bestell Puder im Netz. Wenn du jedoch moderierst, dann solltest du der Länge des Jobs geschuldet einen extra Blick auf Aussehen und deine Haare werfen. Manchmal bist du viele, viele Stunden im Einsatz. Wahrscheinlich bist du nicht ununterbrochen auf der Bühne, sodass du immer mal wieder in einen Spiegel schauen kannst. Dies kannst du auch diskret ohne großen Aufwand machen, aber verstehe, dass dein Aussehen und Look Teil deiner Persönlichkeit ist.

MERKE:

Sobald du moderierst, solltest du Themen wie Look, Kleidung und Maske immer auch auf Dauer und Funktionalität überprüfen.

FAZIT:

Moderationen beanspruchen dich oft über einen längeren Zeitraum als Auftritte und Vorträge. Zusätzlich musst du bei Moderationen öfter auf Veränderungen und Anpassungen im Programm reagieren. Daher solltest du dich nicht noch mit deiner Grundausrüstung beschäftigen. Du solltest eher zu viel als zu wenig mitnehmen.

KAPITEL 5 Vorbereitung für Moderationen

Wenn du moderierst, gehen alle immer davon aus, dass du alles weißt. Auch deswegen ist eine gute Vorbereitung die halbe Miete einer jeden Moderation. Ich gehe kurz auf moderationsspezifische Themen und Ansätze ein, die dir helfen, den Überblick zu wahren und dich als souveränen und kompetenten Moderator oder Moderatorin erscheinen lassen.

Dispo

Eine der am häufigsten übersehenden Informationsquellen ist die Auftritts-Dispo. Zu fast jeder Veranstaltung gibt es eine Auftritts-Dispo (Disposition). Bei größeren Produktionen kann das schon einmal eine 20-seitige PDF sein. Oft ist es jedoch nur ein kleiner Ablaufplan mit den wesentlichen Informationen, der einer Mail oder WhatsApp anhängt. Wenn du dir nur kurz die Mühe machst, dir die Dispo oder diesen Ablauf durchzulesen, sind 95 % deiner Fragen beantwortet. Warum betone ich das so? Weil keiner die Dispo jemals liest. Vielleicht hast du die Sitcom IT-Crowd gesehen. Der erste Satz eines jeden Telefonats lautet: „Hello IT, have you tried turning it off and on again?" So ähnlich sind die Antworten in meiner Agentur, wenn Künstler und Künstlerinnen nach Informationen zu Auftritten und Produktionen fragen: „Habt ihr die Dispo gelesen?" „Oh, es gibt 'ne Dispo?" „Ja, wie immer." Ich kann mich so gut darüber lustig machen, weil ich selbst viele Jahre allergisch auf jede Dispo reagiert habe. Warum 3 Minuten lesen, wenn du dieselbe Information auch mit 6-7 langen Telefonaten oder umständlichen Textnachrichten herausbekommen kannst …
Heute liebe ich Dispos, denn ich sehe nicht nur die Informationen, sondern weiß auch, welches Wissen ich aus diesen Infos ableiten kann. Anhand der Dispo erkenne ich ziemlich schnell, welche Probleme wo und wann entstehen könnten. Wann beginnen die Proben, wann sind meine Einsatzzeiten und wie lang ist die eigentliche Veranstaltung? Wenn ich auf solche Abläufe schaue, sehe ich schnell, wo es später problematisch werden könnte. Wann könnten die Zuschauer müde werden? Wo werden meine Gäste vielleicht ungeduldig und an welchen Stellen sollte ich vorsichtshalber etwas Gas geben und eventuell kürzen oder überbrücken? Ich kann aus solchen Abläufen auch ablesen, wie ich meine Energie und Konzentrationsfähigkeit steuern sollte. Natürlich brauchst du etwas Erfahrung, um

die Dispo richtig zu lesen. (Aber Erfahrung kannst du aufbauen.) Doch wo die Veranstaltung stattfindet und wie lange sie dauert, erkennst du auch ohne viel Erfahrung.

Erstbegehung

Du kannst dir mit einer Erstbegehung des Auftrittsbereiches (s. Kapitel 1.10 Ton) schnell einen ersten Eindruck von der Veranstaltung verschaffen. Das gilt auch für kleine Seminarräume. Von wo gehst du auf? Woher kommen die Gäste? Stehen oder sitzen sie? Woher bekommen sie ihre Mikros? Du kannst dich parallel mit der Lichtsituation vertraut machen. Siehst du dein Publikum? Gibt es einen Projektor? Was fällt dir auf? Kannst du eventuelle Besonderheiten noch textlich in deinen Anfang einbauen? (Ich bin mal in einem Konferenzraum mit einer riesigen Orgel aufgetreten, die ich einfach thematisieren musste …)

Gewerke und Ansprechpartner kennenlernen

Während der Erstbegehung würde ich mich dem Team vorstellen und die unterschiedlichen Ansprechpartner kurz ansprechen. Du solltest dir immer vor Augen führen, dass bei jeder Art von Veranstaltung in der Regel alle Beteiligten nervös sind. Nicht nur du! Oft ist die Erstbegehung oder der Soundcheck der Moment, in dem dich das Team und die Auftraggeber das erste Mal in Action erleben. Ein entspanntes und professionelles Auftreten von deiner Seite hilft alle zu beruhigen und gibt dir einen nicht zu unterschätzenden Rückhalt bei allen Gewerken. Präsentiere dich bei den Soundchecks so, als ob es dein Auftritt wäre. Das wirkt immer enorm professionell.

Gäste-Research

Natürlich solltest du deinen Auftraggeber kennen und wissen, wen du wann anmoderieren solltest. Nimm dir genügend Zeit für die Vorbereitung. Googel, führ Interviews, check Wikipedia und sprich kurz mit allen Beteiligten. Achte auf die korrekte Aussprache der Namen. Manchmal brauchst du auch noch die entsprechende Berufsbeschreibung oder Titel oder solltest sogar noch Informationen zur Vita, Werdegang und Leistungen mitliefern. Trau dich, die betreffenden Personen anzusprechen und frag vorsichtshalber immer selbst nach, wie sie heißen, wie sie ausgesprochen werden und welche Informationen du nutzen und welche Informationen du besser zurückhalten solltest. Deine Ansage ist für die nachfolgende Person ein Teil ihrer First Impression (s. Kapitel 2.13 Die Einleitung), daher solltest du Anmoderationen nicht improvisieren, sondern immer gut vorbereiten.

Briefing

Es ist notwendig, dass du auf ein gründliches Briefing bestehst, denn am Ende wirst du auf der Bühne als die verantwortliche Person wahrgenommen. Lege dir eine Frageliste an, die du im Gespräch abarbeitest. Ich versuche immer, ein bis zwei Wochen vor der Veranstaltung mit dem Projektverantwortlichen zu sprechen. Mir persönlich ist eine Woche vorher lieber als sechs Wochen vorher, aber den genauen Zeitpunkt kannst du nicht immer bestimmen. Mach dir Notizen und leg sie so ab, dass du sie wiederfindest. Sei rechtzeitig am Auftrittsort und schau dir die Location genau an. Wo geht es zur Bühne, wo sind die Garderoben und wo gibt es einen guten Kaffee …

MERKE:

Nimm dir genügend Zeit für diese Vorbereitung. Bereite Fragen für dein Briefing vor und frage lieber einmal zu viel als zu wenig nach.

FAZIT:

Egal, wie gut du präsentieren kannst, Fakten, Namen und Informationen kannst du dir nicht ausdenken. Da hilft auch kein noch so gutes Improvisationsgeschick.

KAPITEL 6 Insider-Tipps

Exklusiv für die Stagehacks habe ich fünf meiner Insider-Tipps zum Thema Moderation zusammengestellt. Diese Tipps haben mich durch viele Jobs geleitet und mir oft geholfen. Tatsächlich habe ich, bevor ich *NightWash* entwickelt habe, schon viele Unternehmensevents und Konferenzen moderiert. Leider hatte ich damals nie ein Moderatoren-Coaching erhalten oder ein vernünftiges Buch zu diesen Themen gefunden. Während meiner 14 Jahre als Moderator und Produzent von *NightWash* mit über 300 Sendungen und 1000 Liveshows habe ich zum ersten Mal bewusst über Moderationsskills und Moderationsregeln nachgedacht. Vieles, was du in diesem Buch nachlesen kannst, habe ich in dieser Phase beobachtet, recherchiert und schließlich in Regeln zusammengestellt. Manche Erkenntnisse habe ich erst nach Jahren der Arbeit gewonnen und dann immer wieder gedacht: „Mist, das hätte ich auch gerne früher gewusst." Bühnenarbeit ist gar nicht so schwer – wenn es dir bloß jemand einmal sagen würde ...

Anmoderation der Moderatoren

Ich tue mich immer sehr schwer, wenn mich jemand als Moderator anmoderieren möchte. Manchmal erklären die Veranstalter, dass die eigentlichen Gastgeber als Erstes die Bühne betreten sollten. Oder sie freuen sich so sehr, dass man dich engagieren konnte, und will dich daher gebührend begrüßen. Trotzdem versuche ich alles, um den Auftraggebern diesen Wunsch auszureden. Ich sehe zwei Notwendigkeiten. Wenn etwa im Laufe der Veranstaltung irgendetwas schiefgeht und du reagieren musst, sollte deine Rolle als Bühnenchef geklärt sein und du nicht als Assistent oder Assistentin eingeführt werden. Zur Klärung: Es geht nicht um dein Ego, sondern um die Darstellung deiner Rolle. Außerdem ist den Zuschauern in 99,9 % der Fälle klar, wer Gastgeber und wer Moderator ist. Zweitens ist gerade der Anfang eine der Hauptarbeitsschwerpunkte deiner Moderation. Hier holst du das Publikum ab, führt sie in die Veranstaltung ein und musst oft erst einmal für die notwendige Aufmerksamkeit sorgen. In der Regel können Moderatoren dies eben besser als Personen aus dem Unternehmen oder wer auch immer dich gebucht hat. Und wenn das Publikum erst einmal zuhört, können die Gastgeber viel einfacher eine gute Begrüßung liefern.

Kommentieren

Der zweite Punkt, den du dir vielleicht zu Herzen nehmen solltest, ist die Tatsache, dass du nicht jeden Vortrag oder Act, den du anmoderiert hast, im Anschluss auch kommentieren solltest. Ich weiß, dass du dir oft nichts Böses dabei denkst und möglicherweise so inspiriert bist oder dich so gut vorbereitet hast, dass dir oft noch eine weitere Geschichte zu dem eben gehörten Thema einfällt. Ich empfinde es immer als ein wenig schwierig und unglaubwürdig, wenn die Moderatoren alles noch besser wissen als die eigentlichen Experten. Das hilft weder dir noch den Experten und Künstlern. Wenn jemand kommentieren darf, dann sind das Journalisten. Das ist deren Job. Anderes sehe ich es, wenn du ein Thema zusammenfassen sollst. Das ist eine berechtigte Aufgabe von Moderatoren. Wenn du dir dein Rollenverständnis vor jedem Job einmal deutlich vor Augen führst, dann werden deine Moderationen in Zukunft noch klarer und dadurch noch kompetenter wirken.

Antizyklisch moderieren

Ein Insider-Tipp aus der Profi-Bühnenwelt, den du auf viele andere Bereiche anwenden kannst: Du solltest nicht immer auf deine Intuition hören, sondern dich auf Regeln und Erfahrungswerte verlassen. Ein Beispiel: Du moderierst eine Veranstaltung mit fünf Künstlern oder Vortragenden. Neben der passenden Anmoderation hast du auch das Publikum im Auge und willst für einen guten Auftrittsrhythmus und die passende Stimmung sorgen. Manchmal musst du daher etwas länger mit dem Publikum kommunizieren und manchmal willst du schnell zum nächsten Act überleiten. Wenn alle gut performen, kannst du dich auch an deinen vorbereiteten Plan halten. Spannend wird es, wenn ein Act besonders gut oder besonders schlecht performt. Wie reagieren? Häufig habe ich folgendes Szenario erlebt. Jemand ist nicht so gut, also drehen die Moderatoren danach oft auf und erzählen selbst noch eine Geschichte, weil man das Publikum wieder puschen möchte. Der Einsatz ist löblich, aber oft musst du dies gar nicht tun. Unterschätze das Publikum nicht. Situationen, in denen jemand nicht so gut funktioniert, sind für die Zuschauer nicht völlig überraschend. Oft freuen sie sich nach einem nicht so guten Act schlicht und einfach auf den nächsten Act. (Überleg einmal, wie es dir gehen würde.) Daher musst du jetzt nicht 5 Minuten überbrücken, damit die Zuschauer den letzten Act vergessen oder wieder in eine gute Stimmung kommen. Je mehr du deine Moderation verlängerst, umso klarer signalisiert du dem Publikum: Da ist eben etwas nicht so gelaufen, wie gewollt und – der letzte Act war nicht gut. Wenn es keine Vollkatastrophe ist, geh über den Act hinweg und führe in Ruhe, aber ohne große Improvisation zum nächsten Act hin.

Anders ist es, wenn jemand absolut abräumt. Meistens bist du dann als Moderator oder Moderatorin glücklich, weil alles super läuft und die Publikumsstimmung passt. Das führt dazu, dass du oft ohne große Überleitung zum nächsten Act weitergehst. Doch genau in solchen Situationen würde ich mir etwas mehr Zeit nehmen. Versetz dich einmal in den nachkommenden Künstler oder Experten oder Expertin. In der Regel wird die Person, die nach einem „Superact" auftreten soll, wahnsinnig nervös, weil sie denkt: „Oh mein Gott, wie soll ich das denn noch toppen?" Mein Tipp, wenn jemand überdurchschnittlich performt: Lieber die Stimmung danach ein wenig abkühlen lassen und eine Minute länger moderieren, damit du quasi einen Publikumsstimmungs-Reset durchführst. Es geht hier um Nuancen, aber eine Minute kann den nachfolgenden Personen helfen, sich wieder neu zu motivieren. Du kannst dieses Phänomen und diesen Lösungsansatz nicht nur für Comedyshows nutzen, sondern bei jeder Art von Veranstaltung mit mehreren Gästen.

Unsichtbar

Wenn du moderierst, gerätst du immer wieder in Situationen, in denen du auf der Bühne stehst und nicht weißt, wie du in diesem Moment unsichtbar werden könntest. Manchmal hast du jemand für eine Begrüßung auf die Bühne geholt und statt der anvisierten 2 Minuten zieht sich die Begrüßung dann 20 Minuten und du hast es verpasst abzugehen. In anderen Fällen kannst du dich während der gesamten Veranstaltung nur auf eine dir zugewiesene Position im Auftrittsbereich zurückziehen, die aber während der Gesamtveranstaltung einsehbar ist. Solche Situationen findest du oft bei Messen und Konferenzen (oder früher bei *NightWash*). Immer dann stellt sich die Frage, was du tun kannst, um nicht ständig unter Beobachtung zu stehen. Drei praxiserprobte Ansätze möchte ich dir kurz vorstellen. Lege dir ein lächelndes und präsentes „Nachdenkgesicht" zu. Denn sobald du nachdenkst und deine Mimik nicht kontrollierst, sieht man es deinem Gesicht an. Das heißt, du brauchst einen freundlichen und präsenten Gesichtsausdruck, den du quasi aufsetzt, wenn du ins Nachdenken kommst. Sensibilisier dich für dieses Phänomen und halte dir immer den alten Spruch vor: „Lächeln nicht vergessen."

Als Nächstes achte auf langsame und ruhige Bewegungen. Abrupte und hektische Bewegungen registrieren die Zuschauer. Wenn du aber offen zum Publikum stehst und dich mit langsamen Bewegungen zur Seite oder nach hinten zurückziehst, fällt das oft nicht auf.

Auf jeden Fall solltest du den Fokus immer wieder auf die gerade agierende Person lenken. Stelle dir vor, jemand trägt etwas vor und du stehst daneben. Natürlich wirst auch du beobachtet. Wenn wir andere Menschen beobachten, folgen wir fast ihren Blicken. Schaust du auf den Boden oder zur Decke, dann merkt jeder, dass du nicht bei der Sache bist. Schaust du aber auf die sprechende Person, lenkst du so die Aufmerksamkeit dorthin zurück. Natürlich kannst du jemanden nicht permanent anstarren. Aber wenn dein Hauptfokus bei der agierenden Person liegt und du dann deinen Blick immer wieder einmal gen Publikum wendest und dabei denkst: „Ah, das ist ja interessant. Stimmt. Sehr gut", setzt du dir automatisch einen zuhörenden Blick auf (s. Kapitel 2.6 Mimik). So wirst du als eine fokussierte Person wahrgenommen. Und jetzt kannst du dich zusätzlich langsam etwas zurückziehen.

Doppelmoderation

Das Thema der Fokussierung kannst du auch gut für Doppelmoderationen vor der Kamera nutzen. Ist dir schon einmal aufgefallen, dass gerade bei Sportformaten Moderatoren und Experten oft dicht nebeneinanderstehen und während die eine Person spricht, die andere oft nicht genau weiß, wo sie hinschauen soll? Das ist auch eine schwierige Situation, insbesonders, wenn der Sender eine Präsentationslinie vorgibt. Früher durfte man sich noch seitlich zu der moderierenden

Person aufstellen und zuhören. Jetzt möchten viele Sender, dass sich beide Personen frontal zur Kamera ausrichten und in die Kamera schauen. Das ist für die zuhörende Person richtig schwer. Ich würde dir raten, eine lockere Position zu suchen, die zwar frontal, aber noch einen Hauch der seitlichen Zuwendung aufweist. Dann solltest du ruhig mal den Kopf wenden, aber die frontale Ausrichtung behalten und lieber durch diskrete Mimik und lautlose Kommentare wie: „Hmm, ok, gut, so kann man das auch sehen, da bin ich mir nicht sicher, gewagt" eine stille, kommentierende Kommunikation mit dem Publikum aufbauen. So lenkst du indirekt den Fokus wieder auf die moderierende Person. Wichtig ist, dass du wirklich zuhörst. Denk immer dran, man sieht es dir an, wenn du gedanklich abschweifst. Ruhig zuzuhören ist manchmal schwieriger als zu präsentieren und reden.

Rolle wahren, wenn etwas schief geht.

Wie weit packe ich als Moderator oder Moderatorin auf der Bühne selbst mit an, wenn etwas umgebaut werden muss, Requisiten angereicht werden, etwas zu trinken fehlt oder technische Fehler behoben werden müssen? Wie gute Gastgeber oder Gastgeberinnen musst du oft aus der Situation heraus entscheiden, ob du selbst mitanpackst oder du die Hilfe organisierst. Wichtig ist immer die Frage, schadet es meiner Rolle als Bühnenchef oder Bühnenchefin oder spielt das keine Rolle? Bitte nicht falsch verstehen, es geht nicht um dein Ego, sondern darum, was dem großen Ganzen hilft. Bei kleinen Teamveranstaltungen oder Clubshows packe ich meistens selbst schnell mit an. Erstens sehe ich Probleme vor allen anderen und zweitens kenne ich alle Handgriffe. Bei größeren Events, bei denen die Veranstaltungen eine gewisse Wertigkeit ausstrahlen möchten und du mit einem Team arbeitest, würde ich dir raten, die Hilfe eher zu organisieren und die Umbauphasen mit Publikumsinteraktionen zu überbrücken. Wenn ich sehe, dass jemand einen Mikrofonständer braucht, dann lasse ich den wenn möglich von der Technik aufstellen. Wenn jemand etwas zu trinken braucht, dann sorge ich dafür, dass diese Person ein Glas Wasser bekommt. Doch wenn niemand auf deine Zeichen reagiert, dann mach es selbst. Aber freundlich und mit einem Lächeln.

Die Moderationsarbeit ist mehr Handwerk, als du vielleicht vermutest. Es ist nicht dein Job, alles zu kommentieren, sondern zu leiten und zu organisieren. Behalte immer deine Rolle im Auge und überlege dir, wie du der Gesamtveranstaltung am meisten helfen kannst.

Wenn du moderierst, solltest du nicht immer auf deine Intuition hören, sondern akzeptieren, dass es Regeln und Erkenntnisse gibt, die du verstehen und trainieren kannst.

KAPITEL 7 Rollenwechsel

Zu Anfang dieses Themenblocks habe ich verschiedene Situationen kurz angesprochen, in denen sich Moderation und Vortrag vermischen. Genau genommen gibt es zwei Überschneidungen: beim Wechsel von der Moderation zum Vortrag (Experte oder Expertin) und bei VIP-Moderatoren (das heißt, du bist Moderator oder Moderatorin und gleichzeitig der Star des Abends).

Bei Konferenzen, Seminaren und auch Team- und Gruppenarbeiten in Unternehmen oder Universitäten kommt es häufig zu Situationen, in denen du zuerst Moderator oder Moderatorin bist und dann in den Expertenstatus wechselst. Und in der Regel wechselst du am Ende auch wieder zurück. Das heißt, du begrüßt Gäste, Zuschauer, die Belegschaft oder dein Team. Dann klärst du als Nächstes die Tagesordnung, lieferst vielleicht noch einen netten Spruch zur Auflockerung und dann wechselst du in die Rolle des Vortragenden, lieferst Zahlen und Fakten oder deine eigene Show. Genau dieser Übergang sollte sorgfältig geplant sein. Wenn ich in der Moderationsrolle bin, kann ich locker mit dem Publikum kommunizieren. Je lockerer ich aber bin, umso deutlicher stelle ich meine Entertainer-Qualitäten in den Vordergrund. Je stärker du aber als Entertainer wahrgenommen wirst, umso klarer musst du dann die Glaubwürdigkeit des Experten oder Expertin wieder aufbauen. Keine Angst, du kannst freundlich sein und doch ernst genommen werden. Ich spreche von Nuancen, aber die können große Auswirkungen haben.

Es hilft dir und dem Publikum, wenn du den Übergang klar kommunizierst: „Soweit die Begrüßung. Steigen wir in den Tag ein." Allein so ein simpler Satz hilft allen. Gib den Zuschauern etwas Zeit. Hetze nicht in den Vortrag. Alle müssen kurz einmal tief durchatmen und die Begrüßung verarbeiten (s. Kapitel 2.14 Struktur & Dramaturgie) und erst dann sollte es weitergehen. Du kannst den Rollenwechsel auch gut mit einem Positionswechsel betonen. Die Begrüßung hältst du frei ohne Karten. Jetzt kündigst du die Zahlen an und wechselst dann die Bühnenposition und zum Beispiel zum Pult oder Stehtisch. Ab diesem Zeitpunkt ist es auch legitim, wenn du mit Text und Karteikarten arbeitest.

Eine andere Möglichkeit ist es, die Präsentation als Trenner zu nutzen.

Anstatt direkt vom Begrüßungschart zur ersten Präsentationfolie zu wechseln, nutzt du einen Zwischenchart, zum Beispiel mit einem Jingle oder einem Überbrückungs-Meme, welches den Wechsel signalisiert. Wie lustig oder seriös die Übergänge sein sollten, hängt immer von der Veranstaltung ab. Wichtig ist nur, dass du ein klares Zeichen setzt, damit alle Beteiligten genug Zeit erhalten, sich zu sammeln und auf etwas Neues einzustellen.

Am Ende deines Vortrags wechselst du wieder zurück in die Moderationsrolle. Beende deinen Vortrag mit einem „Danke" oder „Das war's". Setz auch zum Ende ein klares Zeichen, hol einmal Luft und verändere die Position: „So, Leute" oder „Meine Damen und Herren, liebe Mitarbeiter, Mitarbeiterinnen, ich würde sagen, jetzt geht's in den zweiten Teil des Abends". Rollenwechsel.

VIP-Moderatoren (Wechsel Moderation – Künstler)

Natürlich gibt es auch die Fälle, in denen du als Moderator oder Moderatorin gleichzeitig Künstler, Künstlerin und Star des Abends ist. Du bist aus den Medien bekannt und wirst für einen Liveevent eingekauft. Wenn das der Fall ist, überlege genau, wie du diese beiden Rollen geschickt trennen kannst. Wenn du die Chance hast, beobachte einmal Moderation-Promis, wie sie arbeiten. Vermutlich werden sie ständig kleine Rollenwechsel vornehmen. Sobald sie alleine auf der Bühne stehen, werden sie mit Sicherheit anders arbeiten und auftreten, als wenn sie in die Rolle des Moderators oder der Moderatorin treten. Stehen sie alleine auf der Bühne, werden sie zum Künstler oder Künstlerin. Doch sobald sie in Interaktion mit ihren Gästen treten, ziehen sie sich ein wenig zurück, um ihren Gästen – gerade wenn die Gäste weniger bekannt sind – Raum und Aufmerksamkeit zu verschaffen.

Wenn als du als Moderator oder Moderatorin zusätzlich noch eine Nummer spielen oder sogar einen Vortrag halten sollst – was vollkommen ok ist – dann achte genauso auf diesen Übergang. Je bekannter du bist, umso klarer solltest du auch andere Rollen glaubhaft vermitteln. Da ich viele Vorträge halte, komme ich oft in diese

Situation. Ein Trick ist das geführte Interview (s. Kapitel 1.9 Auftrittsstile). Vor deiner Aktion sollte optimalerweise jemand aus dem Unternehmen mit dir auf der Bühne sein und für ein Interview zur Verfügung stehen. In dieser Interviewsituation „fragt" dich die andere Person, ob du noch nicht etwas vortragen könntest, oder sie erklärt dem Publikum, dass du ja auch Experte oder Expertin für … bist. Sobald jemand anders deine Fähigkeit anspricht, wird dadurch die Glaubwürdigkeit deiner Expertise quasi zertifiziert. Ab dem Moment kannst du die Einleitung wieder übernehmen.

MERKE:

In der Praxis wechselst du häufig zwischen der Moderations- und Expertenrolle. Erkenne diese Momente, gib klare Signale und lass dir immer etwas Zeit, damit die Zuschauer den Übergang wahrnehmen.

FAZIT:

Als Moderator oder Moderatorin wirst du eher in einer unterhaltenden Rolle wahrgenommen. Als präsentierende Person brauchst du den Expertenstatus, damit deine Botschaften und Inhalte entsprechend wahrgenommen und gewürdigt werden. Daher solltest du auf eine deutliche Trennung der Rollen achten.

Der Bühn...

KAPITEL 1

Gesamtverständnis

enknigge

Im vierten Themenblock der Stagehacks „Der Bühnen-Knigge" dreht sich alles um die Fragen, wie wir uns über den eigentlichen Auftritt hinaus zu echten Bühnenexperten und -expertinnen entwickeln. Der Bühnen-Knigge ist eine Sammlung von Verhaltensregeln und tiefergehendem Detailwissen, das dir helfen soll, den gesamten Auftrittsprozess von der Vorbereitung über Krisenmanagement bis zur Nachbereitung noch besser zu verstehen.

Wie ich schon ganz zu Anfang betont habe, Profis werden nicht nur für ihren Inhalt, sondern auch für ein professionelles Handling gebucht und bezahlt. Und je besser du die Gesamtsituation händelst, umso mehr zahlt das auch auf deine Performance ein. Dem zukünftigen Erfolg und der Entwicklung hin zu einer professionellen Bühnenpersönlichkeit kann es nur helfen, wenn du die Gesamtzusammenhänge sowie die Nöte und Interessen der jeweiligen Akteure verstehst und verantwortungsvoll unterstützt.

Als Erstes solltest du dir noch einmal klarmachen, dass der eigene Auftritt oder Vortrag nicht in einem luftleeren Ort stattfindet. Dein Auftritt oder Vortrag ist immer Teil etwas Größerem. Sei es als Bestandteil einer Veranstaltung oder als Teil des Jahresprogramms eines Theaters oder ein Baustein innerhalb eines langfristigen Lern- oder Studienprojektes. Und all die Personen, die mit dir zusammenarbeiten oder dich beauftragt haben, verfolgen ebenfalls eigene Interessen. Vielleicht erinnerst du dich noch an die Frage: Was will ich erreichen? Du bist in der Regel nicht die einzige Person, die sich diese Frage stellt. Ich habe zwei Beispiel herausgearbeitet, die diesen Ansatz noch etwas verdeutlichen sollen.

Theater

Du bist mit deiner Show (Stand-up, Kabarett, Lesung, Vortrag) in einem Theater gebucht. Die Auftrittszeit ist für 20:00 Uhr angesetzt. Und es passiert, was oft passiert: Die Verantwortlichen erklären dir, dass sich der Beginn um 15 Minuten verzögert. Von außen betrachtet könnte man sagen, was sind schon 15 Minuten. Aber für viele Akteure, gerade bei wichtigen Auftritten, sind 15 Minuten eine Welt. Du hast Ernährung, Biorhythmus und Fokus auf 20:00 Uhr geplant. Und jetzt das … Natürlich nervt das, aber versetz dich kurz einmal in die Situation des Theaters. Natürlich wollen sie dir ein professionelles Ambiente bieten und vermutlich haben auch sie mit 20:00 Uhr geplant. Doch so wichtig dem Theater deine Betreuung ist, noch wichtiger sind ihnen die Zuschauer. Denn um ein Theater am Leben zu halten, müssen die Zuschauer nicht nur einmal im Jahr, sondern häufiger kommen. Und wahrscheinlich ist der Grund der Verspätung, dass mehr Zuschauer als erwartet gekommen sind. Daher kann die kurzfristige Verspätung zwei Vorteile für dich haben: Mehr Zuschauer, mehr Gage, bessere Stimmung und somit größeren Erfolg. Sowie die Wahrscheinlichkeit, dass das Theater auch im nächsten Jahr existiert und du weiterhin eine Spielmöglichkeit hast.

Vortrag

Eine Situation aus dem Businessumfeld: Du wirst als Keynote Speaker für ein einmaliges 50-jähriges Jubiläum engagiert. Und wie der Name es vorgibt, handelt es sich um ein Jubiläum, das die Verantwortlichen wahrscheinlich so noch nie zuvor veranstaltet haben. Daher kannst du davon ausgehen, dass die Veranstalter nervöser sind als du. Vermutlich haben sie die Organisation gar nicht so im Griff, wie du dir das wünscht. Und je mehr du dir das klarmachst und du deine Ansprechpartner nur ein wenig mit deiner Erfahrung unterstützt, umso positiver wird das auf dich zurückfallen. Jetzt kannst du sagen, warum soll ich mich um die kümmern? Die werden ja vermutlich keine ähnliche Veranstaltung mehr organisieren – richtig. Aber sie haben sicherlich ein Netzwerk und dort können sie gut oder schlecht über dich sprechen.
Nicht nur, dass alle Akteure, wie eben beschrieben, eigene Interessen verfolgen, in der Regel finden Auftritte und Vorträge in einem Umfeld statt, in dem du es mit sehr vielen nervösen und gestressten Menschen zu tun haben wirst. Du solltest dir immer klarmachen: Nicht nur du bist nervös. Und in stressigen Situationen neigen die meisten Menschen dazu, sich abzuschirmen und nur noch auf sich selbst zu fokussieren. Dieses Fokussieren direkt vor einem Auftritt ist absolut verständlich. Aber in der oft langen Vorbereitungszeit und auch in der Zeit nach einem Auftritt hilft es allen und damit auch dir, wenn du das Gesamtwerk unterstützt oder zumindest nicht als Hindernis oder Störelement wahrgenommen wirst.
Deswegen ist es so wichtig, dass du entspannt bleibst und erst einmal nachfragst, bevor du in die Luft gehst. Ein größeres Verständnis der

Gesamtzusammenhänge hilft dir, Situationen besser zu interpretieren und damit auch Menschen besser zu verstehen. Und je besser du die Situation verstehst, umso weniger kann sie dich nervös machen. Im Folgenden findest du einige Hinweise und Fragen, die dir helfen können, Situationen besser zu verstehen.

Was kann ich tun?

Im Vorfeld
Versuche immer ein gutes Briefing zu erhalten.
Googel alle Akteure.
Stelle nicht nur Fragen zum Ablauf und Inhalt. Frage dich auch: Wer hat wen warum eingeladen?
Wer muss sich wem rechtfertigen?
Handelt es sich um eine regelmäßige Veranstaltung oder um ein einmaliges Ereignis?
Wer könnte warum nervös sein?
Was sind die langfristigen Ziele der Veranstaltung?
Warum hat man dich eingeladen? Was erwartet man von dir?

Vor Ort
Versuche entspannt zu bleiben. Nimm dir das bewusst vor. Die wenigsten wollen dir etwas Böses. Und wenn doch, überlege dir warum.
Wer ist besonders gestresst?
Wem kannst DU Mut zusprechen?

Behalte immer den zeitlichen Ablauf im Auge und überlege proaktiv, wo und wann etwas schief gehen könnte. Überlege, wie du mit Verspätungen umgehen könntest. Könntest du im Sinne der Gesamtveranstaltung deinen Vortrag oder deinen Auftritt kürzen? Wenn ja, sei vorbereitet. Wie kannst du der Veranstaltung abgesehen von deinem Auftritt oder Vortrag helfen? Net- oder Crowdworking, Foto- und Videosession für Social Media?
Lächele, auch wenn du dich nicht so fühlst.

Als Profi bist du nicht nur für deinen Vortrag oder Auftritt verantwortlich, sondern du solltest dich immer auch als Teil eines Gesamtwerkes verstehen. Ein besseres Verständnis der Rahmenbedingungen hilft dir, die Situation zu deinen Gunsten zu unterstützen, und sei es, dass du rechtzeitig erkennst, wann du dich auch einmal diskret zurückziehen solltest.

MERKE: Achte immer auf Gesamtzusammenhänge und überlege, was die anderen Akteure beschäftigt und wo du sie unterstützen könntest. So unterstützt du nicht nur das Gesamtwerk, sondern du schützt dich vor unnötigen Nervositätsfaktoren.

FAZIT: Du bist immer ein Teil eines größeren Ganzen. Je mehr du die Zusammenhänge verstehst, umso mehr kannst du unterstützend agieren und die Situationen letztendlich zu deinem Vorteil nutzen.

KAPITEL 2 Neugierde

In vielen Kapiteln habe ich dir versucht zu zeigen, warum die richtige Vorbereitung und ein gutes Briefing essenziell ist für die Qualität deiner Vorträge, Auftritte und Moderationen. In diesem kleinen Kapitel möchte ich noch einen Schritt weitergehen und ein gewisses Maß an Neugierde einfordern. Du wirst erstaunt sein, wie schnell du andere Menschen glücklich machen kannst, wenn du nur die einfachsten Informationen zusammengetragen hast. Du signalisierst, dass du vorbereitet bist und andere wahrnimmst. Das geht aber nur, wenn du verstehst, dass eine Grundneugierde ein essenzieller Bestandteil der Auftrittswelt ist. Du stehst nicht in einem luftleeren Ort und trägst deine Gedanken vor. Deine Aufgabe ist es, mit anderen Menschen in Kontakt zu treten und die Welt zu beschreiben. Um das zu schaffen, hilft es, wenn du dich für andere Menschen und die Welt interessierst.

Wo trittst du heute auf? Wie heißt der Ort? Was ist die Historie des Ortes? Wie heißt das Unternehmen oder Theater? Was produzieren oder liefern die? Wer steht noch mit dir auf der Bühne? Was ist deren Expertise? Wie sind die so drauf? Haben die Hobbys, über die man sich unterhalten könnte? Es ist erstaunlich, wie dir 2-3 Minuten des konkreten Nachschlagens und Suchens helfen können. Verwende Google, frag ChatGPT, benutze sonstige Suchmaschinen und check bei Wikipedia. Da findest du sehr schnell sehr viel.

Ein gesundes Maß an Neugierde hilft dir, dein Denken, deine Kreativität und deine Problemlösungsfähigkeiten zu verbessern. Neugierde kann dazu beitragen, die zwischenmenschlichen Beziehungen zu verbessern, indem sie dir hilft, anderen zuzuhören und dich für ihre Perspektiven und Meinungen zu interessieren. Doch vor allem kann sie dir helfen, neue Eindrücke und Perspektiven wahrzunehmen.

Ich kenne natürlich Leute, die sagen: „Was interessieren mich die anderen, ich muss mich auf mein Thema fokussieren." Oder: „Um zu funktionieren, muss ich in den Tunnel." Vielleicht musst du in den letzten Minuten vor deinem Auftritt oder deinem Vortrag in den Tunnel, aber in der langen Zeit davor und in der Zeit nach deinem Auftritt und auch während des Auftritts geht es nicht ohne Interaktion und Neugierde. Neugierde ist ein Teil des Jobs. Um Menschen zu unterhalten und motivieren, kann es dir nur helfen, wenn du dich ein wenig für sie und die Welt interessierst. Mein Vorschlag ist, wenn du gar nicht neugierig bist, versuche es ein wenig zu lernen.

MERKE:

Wenn du das Wort Neugierde mit dem Wort Research austauscht, verstehst du vielleicht die Notwendigkeit dieser Eigenschaft. Nichts ist einfacher und wird häufiger vergessen als die einfachsten Informationen über den Auftrittsort, Auftraggeber oder Auftraggeberin und weiteren Akteuren zu recherchieren.

FAZIT:

In einer Welt, in der du mit anderen Menschen interagierst, solltest du ein Gespür für die Menschen und die Dinge aufbauen, die sich um dich herum aufhalten und stattfinden.

KAPITEL 3 Lampenfieber

Kommen wir nun zu einem Thema, mit dem ich mich schon lange selbst auseinandersetzen musste: Lampenfieber. Lampenfieber ist ein Begriff, der oft verwendet wird, um die Angst oder Nervosität zu beschreiben, die vor öffentlichen Auftritten oder Präsentationen auftritt. Diese spezielle Form der Nervosität kann viele Ursachen haben, wie zum Beispiel Stress, Angst, Unsicherheit oder Überstimulation.
Die wichtigste Botschaft habe ich bereits im ersten Themenblock aufgeschrieben. Möchtest du professionell arbeiten, dann solltest du akzeptieren, dass Lampenfieber ein Teil deiner Arbeit ist.[13] Lampenfieber sollte dich auf keinen Fall vom Auftritt abhalten, sondern du solltest Wege finden, wie du mit dieser Anspannung besser zurechtkommst.

Des Weiteren gibt es hervorragende Coaches, Psychologen und Psychologinnen, die dir mit mentalen Trainingsplänen helfen können. Ich kenne das aus dem Leistungssport und habe viele von diesen Ansätzen auf die Bühne mitgenommen. Aber du kannst natürlich auch erst einmal einige von den hier zusammengestellten Tipps ausprobieren und nach und nach deinen eigenen Weg finden. Hier meine persönliche Liste zum Thema Lampenfieber:

Finde deine Aufgabe

Ich beginne mit einem etwas längeren Tipp, den ich für fundamental halte, weil er sich tief mit deiner Rolle auf und hinter der Bühne auseinandersetzt. Du solltest dir noch einmal bewusst machen, dass du wahrscheinlich nicht der einzige Mensch bist, der im Umfeld der jeweiligen Veranstaltung nervös ist. Die Person, die dich verpflichtet hat, muss jemandem Rechenschaft abliefern, und hofft, dass sie mit dir die richtige Person engagiert hat. Die Theater und Clubs, die dich engagiert haben, möchten, dass du abräumst, damit das Publikum wiederkommt. Lernende, die vor dir sitzen, sind nervös, weil sie Angst haben, dir nicht folgen zu können. Aber auch das Publikum ist oft nervös. Besonders, wenn eine Veranstaltung nicht voll besetzt ist. Dann kann es passieren, dass sich die Zuschauer unwohl fühlen, weil sie mit dir leiden oder befürchten, keine gute Wahl getroffen zu haben. Die Verantwortung nimmt noch weiter zu, wenn du moderierst. Denn dann ist es dein Job, andere Menschen, die vermutlich noch nervöser sind als du, ins rechte Licht zu rücken.

Mach dir klar, dass es nicht nur um dich und deine Aufgabe geht, sondern dass andere Menschen auf dich bauen und dich brauchen. Wenn du dich dieser Verantwortung stellst, wirst du feststellen, wie diese Verantwortung dir helfen wird, dein Lampenfieber quasi zu überdecken, und es so in den Hintergrund treten lässt.

Akzeptiere das Lampenfieber

Es ist normal, Lampenfieber zu haben. Akzeptiere deine Nervosität als Teil des Prozesses. Stell dir vor, dass die Energie, die du während des Lampenfiebers spürst, auch positive Energie sein kann. Nutze diese Energie, um deine Präsentation mit Enthusiasmus und Ausstrahlung zu füllen.

Atmung

Tiefes Atmen ist das einfachste Mittel, dass du überall und jeder Zeit anwenden kannst. Versuche tief und langsam zu atmen, um deine Nerven zu beruhigen. 3-5 Minuten tief und ruhig zu atmen, hilft dir, dich zu entspannen und deine Gedanken zu klären.

Entspannung

Entspannungsübungen wie Yoga oder Meditation können dir helfen, dich zu beruhigen und dich auf deine Präsentation zu konzentrieren. Und lächele. Erstens triggert das Lächeln dein Gehirn und setzt Glückshormone[14] frei und zweitens kannst du so auch deine Mimik trainieren.

Ändere dein Vokabular

Einer der häufigsten Sätze, die ich im Backstage vor Auftritten gehört habe und auch öfter mal selbst gesagt habe, war: „Jetzt wäre ich gerne zu Hause auf der Couch." Ich kann den Satz verstehen. Du bist angespannt. Du hast vielleicht gerade etwas gegessen, wirst etwas müde und jetzt wird dir bewusst, dass es gleich losgeht, und die Nervosität setzt ein. Gerade dann solltest du dir klarmachen, dass du schon lange auf diesen Auftritt oder diese Chance gewartet und dich möglicherweise sogar im Vorfeld gefreut hast. Und jetzt sagst du, du willst nach Hause? Gib solchen Sätzen keine Chance und sage stattdessen: „Jetzt bin ich hier, jetzt gehe ich doch nicht nach Hause. Jetzt ziehe ich das auch durch." Und dann ballst du auch noch die Faust. Glaub mir, das hilft.

Visualisierung

Visualisiere deinen Erfolg. Versuche dir vorzustellen, wie du gleich eine erfolgreiche Präsentation halten und das Publikum beeindrucken wirst. Stelle dir vor, wie du dich fühlen wirst, wenn du es geschafft hast. Im Sport sagt man: Der Schmerz ist für den Moment, der Sieg für immer.

Humor

Mach dich über dein Lampenfieber und deine Situation ein wenig lustig.[15] Frage dich zum Beispiel mit einem Augenzwinkern, warum du schon wieder in eine solche Situation hineingeschlittert bist. Humor ist ein Ausrufezeichen gegen Angst.[16] Einmal lachen und du bist einige Minuten sofort besser drauf.

Vorbereitung

Und jetzt mein letzter Tipp. Ich habe am Anfang schon einmal festgestellt, dass einer der Hauptgründe für eine übergroße Nervosität die Tatsache ist, dass du dich nicht genügend vorbereitet hast – und dass dir das auch bewusst ist. Deswegen kann ich dir nur raten: Probe deine Präsentation. Je besser du vorbereitet bist, desto selbstbewusster wirst du dich fühlen, desto weniger stark wird sich das Lampenfieber zeigen.

MERKE:

Als Profi ist es dein Job andere Menschen zu informieren, zu unterhalten oder zu motivieren. Verstehe deinen Job als eine Aufgabe. Je klarer dir deine Mission wird, umso schneller tritt das Lampenfieber in den Hintergrund.

Lampenfieber ist ein Teil des Jobs. Aber es baut sich mit der Zeit deutlich ab. Irgendwann kommt sogar eine Zeit, wo dich extra pushen musst, damit du die nötige Anspannung vor einem Auftritt oder Vortrag aufbaust.

KAPITEL 4 Umgang mit Lob

Ist es nicht etwas skurril? Wir stellen uns auf Bühnen und wollen insgeheim gefeiert werden. Gleichzeitig bereiten wir uns aber innerlich immer darauf vor, wie wir reagieren, wenn wir kritisiert werden. Worüber sich die Bühneneinsteiger – und zum Teil auch erfahrene Profis – viel seltener Gedanken machen, ist die Frage, wie man mit Lob umgehen sollte. „Umgang mit Lob" ist für mich eine der am häufigsten übersehenden Themen auf dem Weg zu einem professionellen Mindset und einer professionellen Bühnenpersönlichkeit. Tatsächlich geht es mir weniger um den Umgang mit großen Begeisterungsstürmen nach Theater- oder Showproduktionen. Oder um die Frage, wie man mit kurz- oder auch langanhaltendem Ruhm umgeht. Alles Themen, über die man sich sicherlich Gedanken machen sollte, die aber auch schon Grundlage unzähliger Berichte, Studien und vieler großer Romane sind. Mir geht es um die Frage, auf was kannst du und solltest du in der direkten Interaktion mit Publikum und Zuschauern nach Auftritten und Vorträgen achten? Mit dem Ziel, dass beide Parteien, also du und die Zuschauer, möglichst zufrieden nach Hause gehen.

Ich will die Situation noch etwas genauer beschreiben: Du hattest gerade einen Auftritt, Vortrag oder ein Referat und nun stehst du zusammen mit deinen Mitarbeitern, Teamkollegen, Kommilitonen oder auch deinem Publikum in einer Runde. Plötzlich nähert sich jemand und sagt: „Das war wirklich toll!" Und was machen wir häufig? Wir beginnen uns und unseren Auftritt kleinzureden. „Echt? Ich hätte das ja gern noch ein bisschen besser gemacht. Bei der Probe war es irgendwie lebendiger. Und am Anfang war ich sooo nervös, dass ich das zweite Chart vergessen habe. Und das mit der Technik war ja auch ein bisschen doof."

Du solltest dir an dieser Stelle noch einmal kurz vor Augen führen, warum du überhaupt vor Menschen stehst und etwas präsentierst. In der Regel willst du Wissen vermitteln oder andere Menschen motivieren und/oder unterhalten. Auch wenn deine Beweggründe recht unterschiedlich sein können, so haben die unterschiedlichen Ausgangslagen alle etwas gemeinsam. Du willst nachhaltigen Eindruck hinterlassen. Und dafür wollen wir magische Momente erzeugen, damit du diese Botschaft und Information emotional zementieren kannst.

Und jetzt hast du dieses Ziel anscheinend erreicht und das Erste, was du machst, ist die Magie, die du mühselig aufgebaut hast, wieder zu zerstören. Und nicht nur, dass du beginnst die Magie zu zerstören, du redest auch schon wieder nur von dir.

Versteh mich nicht falsch, Kritik und Feedback sind essenzieller Teil deiner Arbeit. Die Bühnenarbeit ist ein agiler Prozess. Aufgrund der Erfahrungswerte eines jeden Auftritts und dem entsprechenden Feedback optimieren wir unsere Performance und unseren Text. Doch bei aller Suche nach Verbesserung solltest du auch verstehen, wann Zeit für Lob und wann Zeit für Kritik ist. Darüber hinaus solltest du ein Gefühl dafür entwickeln, wann du dich auf dich und wann du dich auf dein Publikum fokussieren solltest.

Über 35 Jahre Bühnenerfahrung haben mir gezeigt, dass Zuschauer dich in den seltensten Fällen bewusst ansprechen, um dich zu kritisieren. Böse Kritik hebt man sich heutzutage für die digitalen Kanäle auf (bester Tipp: nicht alles lesen). Wenn ich direkt angesprochen wurde, dann ging es fast immer um religiöse und politische Meinungsverschiedenheiten. Das heißt im Umkehrschluss, wenn dich Leute nach Auftritten und Vorträgen ansprechen, dann kannst du davon ausgehen, dass du etwas bei ihnen ausgelöst hast. Entweder sie fanden dich richtig gut oder sie sprechen dich an, weil du sie ermutigt hast, etwas von sich selbst erzählen zu wollen. Beide Situationen kannst du für dich nutzen, auch wenn der zweite Fall oft anstrengender ist.

Was tun?

Ich weiß selbst, wie schwer es sein kann, nach aufregenden und anstrengenden Auftritten und Vorträgen sich wieder auf etwas anderes als sich selbst zu fokussieren. Deshalb ist es so wichtig, dass du dich im Vorfeld auf solche Situationen vorbereitest. Überlege, ob du dich nach Auftritten und Vorträgen den Zuschauern überhaupt sofort stellen möchtest. Doch in vielen beruflichen Situationen bleibt dir oft keine andere Wahl. Spiele deshalb die mögliche Situation im Vorfeld in deinem Kopf durch und sei vorbereitet. Wenn dich jemand lobt, nimm es an und freu dich, auch wenn du das nicht wirklich glaubst. Wenn sich jemand bedankt, sag Danke. Versuche nicht sofort das „Danke" zu kommentieren. Schau, ob diejenige Person noch eine Frage hat. Wenn ja, geh drauf ein. Falls du keine Lust auf ein weiteres Gespräch hast, sag trotzdem Danke, lächele und gehe weiter. Wenn die Person jedoch das Gespräch sucht, um von sich selbst zu erzählen, überlege, wie du freundlich bleiben kannst und einen Weg findest, dich mit einem kleinen „Das ist aber interessant" zu verabschieden. Wichtig ist nur, dass du nicht sofort von deinen Gedanken und deiner Gefühlswelt erzählst.

Möglicherweise ist dieser selbstkritische Ansatz gar nicht dein Weg. Vielleicht hast du kein Problem mit Lob und lässt dich gerne feiern und erklärst den Zuschauern viel lieber, warum dein Auftritt so gut funktioniert hat und was das Geheimnis deines Erfolges ist. Das ist vollkommen ok. Aber auch in diesem Fall würde ich das Gespräch so erscheinen lassen, als ob du dich auf deine Ansprechpartner und nicht auf dich fokussierst. Dieses Verhalten kann deinem Erfolg noch einen weiteren Schub geben.

MERKE:

Es gibt keinen Grund, die Magie eines Auftritts kleinzureden. Wenn du keinen Kommentar hören willst, dann solltest du versuchen, den Zuschauern oder weiteren Gesprächen aus dem Weg zu gehen. Doch wenn jemand sich bedankt, sag Danke und sprich nicht sofort wieder von deinen Sorgen und Gedanken.

FAZIT:

Egal, wie gut oder schlecht ein Auftritt war, im Gespräch mit den Zuschauern hast du immer die Möglichkeit, den Eindruck zu deinem Vorteil zu verbessern. Daher sollte auch in der Zeit nach deinem Auftritt der Fokus immer noch auf den Zuschauern liegen.

KAPITEL 5 Umgang mit Kritik

Wenn ich von Kritik spreche, dann setze ich das zur Vereinfachung von dem eben besprochenen Lob ab. Im Gegensatz zum Lob geht es bei der Kritik darum, Fehler und Schwächen aufzuzeichnen. Daher solltest du immer darauf achten, ob die Kritik einen positiven Ansatz zulässt, also Alternativen anbietet, oder als destruktive Kritik lediglich darauf abzielt, dich niederzumachen oder zu zerstören.

Natürlich geht es nicht ohne Kritik und ohne Feedback. Gute Kritik und ein konstruktiver Umgang mit Kritik hilft dir, dich permanent zu verbessern. Du hörst dir etwas an, nimmst etwas auf, filterst es vielleicht, passt die Erkenntnisse auf deinen Vortrag an und wirst dadurch besser. Diesen agilen Prozess habe ich auch schon einige Male angesprochen. Zwei Fragen, die du dir stellen und beantworten bzw. auf die du dich vorbereiten solltest: Wie soll dein Kritik- und Feedback-Workflow aussehen und wie kannst du auf Kritik reagieren, die dir in der Öffentlichkeit angetragen wird?

Bleiben wir zuerst bei der bewussten Kritikarbeit. Du arbeitest mit Regie oder in einem Team oder hast gute Freunde und Kollegen, die dich unterstützen. In jedem Fall solltest du vorher die Rahmenbedingungen festlegen.

Hier ein Beispiel, wie Kritikarbeit bestenfalls aussehen sollte: Direkt nach dem Vortrag oder Auftritt wird gelobt. Auch bei deiner Nachfrage „Jetzt seid doch mal ehrlich?" sollte man loben und auf das nächste Treffen verweisen. Dann legt man einen Termin für den nächsten oder übernächsten Tag fest und trifft sich möglichst persönlich. Das ist immer einfacher als per Video oder Telefon. Für eine konstruktive Arbeit helfen Notizen und Videoaufzeichnungen. Wenn ein Video zur Besprechung hinzugezogen wird, solltest du dir das Video aber vorher selbst angesehen haben, sonst bist du nicht mit allen auf derselben Informationsebene. Aus Erfahrung weiß ich, dass manche von uns immer ein bis zwei Tage brauchen, bis man sich halbwegs emotionslos seine eigenen Videos ansehen kann. Aus dieser Tatsache ergibt sich jetzt auch der Zeitplan für die Feedbackrunden. Und dann setzt ihr euch noch einen festen Zeitrahmen, wie lange der Austausch dauern soll, damit ihr auch ein Ende findet.

Aber dir sollte auch klar sein, wie schwer es allen Beteiligten inklusiver deiner Person fallen wird, nach einem Auftritt nichts zu sagen. Wenn du nach einem Auftritt wirklich nichts von deinem Team hören möchtest, dann geh besser nicht mit ihnen aus. Meiner Erfahrung nach entsteht immer dann Stress, wenn man nicht über einen Auftritt reden möchte und dann aber mit allen noch einen trinken geht. Worüber soll man denn reden? Natürlich will man über das sprechen, was einen seit langer Zeit beschäftigt hat. Ein Tipp, was du als die angesprochene Person sagen könntest, wenn dir nicht alles gefallen hat: „Alles prima. Aber Details besprechen wir morgen. Ich muss das jetzt selbst erst einmal verarbeiten."

Aus eigener Erfahrung kann ich nur berichten, dass ich das nie geschafft habe. Entweder ich verdrücke mich sofort oder ich rede die komplette Nacht über den Auftritt oder Vortrag. Ich sage dir dies nur, damit du vorbereitet bist, wenn das Adrenalin einen Strich durch deinen Plan macht.

Was tun, wenn ich nicht mit Regie oder einem Team zusammenarbeite? Wie kann ich mich kontrollieren und verbessern? Die einfachste zu organisierende Form, sich selbst zu kontrollieren, ist der Mitschnitt von Ton- und Videoaufnahmen. Dank der aktuellen technischen Möglichkeiten reicht oft dein Handy mit einem kleinen Stativ, welches du am Rand (vorn oder an der Seite) der Bühne aufstellst. Du solltest dir aber genau überlegen, wann du dir die Aufnahmen anschaust. Einige schaffen das schon auf der Heimfahrt nach dem Auftritt. Andere Profis, die ich gut kenne, brauchen etwas mehr zeitlichen Abstand. Wie oft du Videos einsetzt, hat meiner Meinung nach auch mit deinem allgemeinen Zeitrahmen zu tun. Wenn du nur drei bis vier Mal im Jahr große Referate oder Vorträge hältst, dann macht es auch Sinn, diese jedes Mal aufzuzeichnen. Falls du aber öfters längere Vorträge und Seminare abhältst, dann wirst du es vermutlich nicht schaffen, jeden einzelnen Auftritt aufzuzeichnen. Wenn du professionell als Stand-up-Comedian arbeitest und jeden Abend ein 10-minütiges Set spielst, dann kannst du dein Set gerne häufig aufzeichnen, auch um das Material für deine Social-Media-Kanäle zu nutzen. Aber ich würde mir überlegen, ob du jeden Auftritt aufnehmen und überprüfen musst oder ob du die Zeit nicht lieber für das

Schreiben von neuem Material nutzt. Und du solltest auch aufpassen, dass deine Quelle des Feedbacks nicht nur deine eigene Meinung ist. Es ist immer wichtig, dass du dir gelegentlich auch Meinungen von außen einholst. Hör zu, wenn andere über dich sprechen. Du musst nicht alles annehmen, aber wenn du einfach zuhörst und Meinungen sammelst, bemerkst du häufig wiedererkennbare Pattern. Diese solltest du schon ernst nehmen und sie auch unter dem Gesichtspunkt Fremdwahrnehmung abspeichern.

Was tun, wenn du von unbekannten Menschen angesprochen und dann kritisiert wirst?

Wie gut du mit Kritik in der Öffentlichkeit umgehst, definiert dich ähnlich wie der Umgang mit Lob als Bühnenprofi und hat großen Einfluss auf die Meinung, wie du als souveräne Persönlichkeit wahrgenommen wirst. Mach dir zuerst einmal klar, was die Beweggründe deiner Kritiker sein könnten.

Wenn du von jemandem kritisiert wirst, der nicht direkt mit dir zusammenarbeitet, dann will dir diese Person a) einen Tipp geben, b) sagen, wie viel sie besser ist als du oder c) beobachten, wie du auf Kritik reagierst.

Die Motivation der kritisierenden Personen ist nicht immer einfach zu lesen. Daher würde ich dir raten, bleib freundlich, gehe davon aus, dass nicht alle dir etwas Böses wollen, sei aber vorbereitet, dass Menschen in solchen Situationen manchmal auch gemein werden. Lerne Kritik auszuhalten, ohne sie direkt zu kontern, und suche nach Wegen, wie du dich aus dem Gespräch zurückziehen kannst.

Das Wort Aushalten benutze ich in den unterschiedlichsten Situationen. Ich mag es, weil es signalisiert, dass du dich rational mit

Situationen auseinandersetzen solltest und dann aus den entsprechenden Erkenntnissen Handlungsroutinen aufbauen kannst. Wenn du dich nicht bewusst vorbereitest, kannst du ganz schnell in eine unangenehme Situation hineingeraten. Im Fall der Kritik sieht das oft wie folgt aus: Du wirst kritisiert. Du ärgerst dich, weil du das anders siehst. Jetzt bist du auf eine solche Situation nicht vorbereitet. Was passiert? Du reagierst intuitiv und emotional und konterst – und alle Umherstehenden sehen, dass du dich ärgerst. Daher ist es so wichtig, dass du dich auf solche Situationen vorbereitest und ein paar Standardreaktionen und Antworten zur Hand hast.

Ein hilfreicher Satz könnte sein: „So habe ich das gar nicht gesehen. Entschuldigung, darüber muss ich jetzt doch einmal nachdenken" – und dann gehst du. Was soll die andere Person dann auch sagen? Du hast ihren Impuls angenommen und „machst dir jetzt Gedanken".

Umgang mit Kritik, die in den Medien stattfindet

Dieses enorm große Thema möchte ich nur kurz ansprechen. Diesbezüglich findest du ja ganze Abhandlungsreihen, wenn du nur einmal schnell googelst. Die klassischen Medien, wie Zeitung, Radio und TV, haben einen großen Vorteil, dass sie sich versenden und nicht mehr auffindbar sind. Selbst wenn eine Radio- oder Fernsehsendung in die Mediathek hochgeladen wird, wird sie dort nicht ewig stehen. Dies ist beim Thema Social Media nicht immer der Fall. Ich würde mir aber auch beim Thema Social Media eine etwas dickere Haut zulegen und zweimal überlegen, ob ich auf kritische Kommentare eingehe. Wenn sie dich weiterbringen, dann kannst du dies machen. Wenn nicht, versuche, sie zu überlesen. Das heißt, du musst nicht jeden Kommentar in Social Media lesen und auch mal eine Zeitungskritik oder anderweitige Rezension zur Seite legen, um dich zu schützen.

Konstruktive Kritik ist unerlässlich für deine Weiterentwicklung. Du solltest aber Regeln aufstellen, wann und wie du dich in diesen Prozess begibst. Denn es gibt keinen Grund, dich permanent stressen zu lassen.

Ein guter und sensibler Umgang mit Kritik, vor allem von Kritik, die unerwartet und in der Öffentlichkeit an dich getragen wird, ist eine weitere große Chance, dich als entspannte und souveräne Persönlichkeit zu präsentieren.

KAPITEL 6 Umgang mit Fehlern

Niemand braucht Situationen, in denen etwas aus dem Ruder läuft oder unerwartet irgendwelche Störungen auftreten. Leider sind Fehler in diesem Geschäft unvermeidlich. Immer wenn du mit vielen verschiedenen Gewerken arbeitest, die auch noch von Menschen kontrolliert werden, geht irgendetwas schief. Was habe ich in über 35 Jahren nicht schon alles erlebt?! Kein Ton. Kein Licht. Viel zu wenig Zuschauer. Viel zu viele Zuschauer. Das falsche Briefing. Irgendjemand stolpert. Einspieler funktionieren nicht. Niemand lacht. Ein Feuer bricht aus. Fuß gebrochen. Einmal war ich sogar ein Jahr zu früh am Auftrittsort. Alles Vorfälle, die niemand braucht, aber auf die du dich einstellen solltest, denn Dinge gehen nun einmal schief.

Der professionelle Umgang mit Fehlern ist einer der Schlüsselpunkte, der deine Bühnenpräsenz und damit deine gesamte Ausstrahlung auf ein neues Niveau anheben kann. Wenn du in der Öffentlichkeit in eine schwierige Situation gerätst, dann schauen alle zu – auch diejenigen, die vorher vielleicht unkonzentriert waren. So unangenehm ein Fehler auch ist, er kann dich auch zum Helden oder zur Heldin machen. Fußballfans erinnern sich vielleicht an das umgefallene Tor von Real Madrid (1997). Für eine ungeplante und improvisierte Überbrückungsmoderation haben Marcel Reif und Günther Jauch am Ende den bayrischen Fernsehpreis erhalten.

Wenn du in eine wie auch immer geartete Pannensituation gerätst, dann solltest du dich als Erstes fragen, wie kann ich die Situation retten, anstatt nach Schuldzuweisungen zu suchen. Dieses lösungsorientierte Mindset ist elementar und sollte von dir kontinuierlich verbessert werden. Versuche Frust und Ärger zur Seite zu schieben und fokussiere dich auf die Problemlösung. Mache es quasi zu deinem Mantra: „Zuerst Problem lösen, dann ärgern."

Dieser Weg wäre ja gar nicht so schwer, wenn nicht jede Fehlersituation gleichzeitig auch unser Nervositätslevel anschwellen lassen würde. Unerwartete Situationen und Pannen haben die Eigenart, dass sie uns oft in Panik versetzen und wir somit nicht ins Nachdenken und Handeln kommen. Aus eigener Erfahrung weiß ich, dass Nervosität auch dem stärksten Mindset zusetzen kann. Denk noch einmal an das Kapitel 1.3 Amateur vs. Profi. Du kannst der

Nervosität leider nicht aus dem Weg gehen, du kannst nur lernen, sich ihr zu stellen.

So ist es auch mit solchen Situationen. Leider ist es mit dem Satz „Bloß nicht nervös werden" nicht getan. Mein Tipp: Stell dir einmal kurz vor, was in den Zuschauern vorgehen könnte, wenn sie merken, dass ein Fehler passiert. Oft werden die Zuschauer nämlich ebenfalls nervös, weil sie aus eigener Erfahrung wissen, wie unangenehm solche Situationen sein können. Genau diese Reaktion ist deine Chance. Kümmere dich nicht um deine Nervosität, kümmere dich stattdessen um die Zuschauer und mache es dir zur Aufgabe, deine Zuschauer zu entspannen. Dieses Kümmern gibt dir eine Aufgabe und diese Aufgabe wiederum lässt die eigene Nervosität unwichtiger erscheinen. Und zusätzlich wirst du dann nicht nur innerlich wieder ruhiger, du wirst auch von den Zuschauern als cool und souverän wahrgenommen.

Doch der richtige Umgang mit Fehlern ist nicht nur eine Frage des entsprechenden Mindsets, es hilft auch zu wissen, welche Möglichkeiten dir überhaupt zur Verfügung stehen, wie du möglichst geschickt auf Fehler reagieren kannst. Die erste Frage, die du dir stellen solltest, lautet: Nehmen die Zuschauer den Fehler oder die Panne überhaupt als einen Fehler wahr oder weißt nur du, dass etwas schiefläuft?

Fehler, die alle sehen

Du (oder irgendjemand) stolperst. Der Ton oder das Licht fällt aus. Laute Störgeräusche oder sogar ein Feuer bricht aus. In diesem Fall kannst du nicht so tun, als ob nichts vorgefallen wäre. Und es gibt für dich auch keinen Grund, ein schlechtes Gewissen zu entwickeln, denn meistens ist es nicht deine Schuld und selbst wenn, kannst du es nicht rückgängig machen.

Was tun?

Wenn dir ein Fehler das erste Mal passiert, dann versuche, ruhig zu bleiben und das Problem zu lösen. Du musst nicht improvisieren, du musst einfach nur das tun, was du für richtig hältst. Aber – und jetzt wird es spannend – meistens triffst du auf jeden Fehler noch ein zweites oder sogar drittes Mal in deiner Karriere und wenn du dir die Situation und die Lösung gemerkt hast, dann bist du beim nächsten Mal schon vorbereitet. Und in dem Fall kannst du die Situation dank deines schon vorhandenen Lösungsansatzes nicht nur retten, sondern du kannst durch deine schnelle und kreative Reaktion sogar brillieren. Und damit habe ich nebenher auch noch das Geheimnis von Improvisation verraten.

Improvisationskönnen fällt nicht vom Himmel, sondern muss (und kann) erarbeitet werden. Improvisation lebt von der Bereitschaft, aus Fehlern und Situationen zu lernen und diese gelernten Lösungen als Erfahrungsschatz in Handlungsschubladen abzulegen. Dieser Ansatz hilft dir, dich vom Amateur zum Profi zu entwickeln. Amateure sehen in Pannen oft nur ein einmaliges Ereignis. Profis verstehen, dass sich alles wiederholt, lernen dann aus den Fehlern und merken sich die Lösungen. Mein Lehrsatz für Fehler lautet: Beim ersten Mal ist der Fehler ein Feind. Beim zweiten Mal ist er ein Bekannter oder eine Bekannte und beim dritten Mal: Freund oder Freundin. Dieser Satz ist große Clowns-Schule. Der Clown ist der Held des Scheiterns. Er oder sie muss erst auf die Schnauze fallen, um dann zu siegen. So werden aus Niederlagen Siege. Und das schaffst du, wenn du bereit bist, aus Fehlern zu lernen, dir die Lösungen zu merken und dann wieder loszugehen. Diese Erkenntnis hat mich schon oft gerettet und ist die ganz, ganz große Lehre, die ich aus der Welt des Humors mitgenommen habe.

Fehler, die nur du als Fehler erkennst

Kommen wir zu Fall 2, also zu Fehlern, die nur du sofort als Fehler erkennst. Falsches Chart. Satz vergessen. Jemanden nicht begrüßt. Kapitel ausgelassen oder Gag vergessen. Meistens reagieren wir in solchen Momenten intuitiv: „Oh, da hätte jetzt ein anderes Bild kommen müssen. Auf dem Chart hätte etwas anderes stehen sollen. Oh Mist, jetzt habe ich den Gag verhauen. Was wollte ich gerade noch einmal sagen?"

Was wäre passiert, wenn du den Moment nicht kommentiert hättest? Hätten die Zuschauer den Fehler ohne deinen Kommentar überhaupt mitbekommen? Wahrscheinlich nicht. Vielleicht hätten sie das Gefühl, dass irgendetwas komisch war oder etwas gefehlt hat, aber wahrscheinlich hätten sie noch nicht einmal das gedacht.

Was tun?

Eigentlich ist es ganz einfach. Lerne zu schweigen und versuche nicht alles sofort zu kommentieren. Wenn etwas schiefgeht, gib dir eine Sekunde Zeit, um zu überprüfen, ob die Zuschauer es wirklich gemerkt oder gesehen haben. Wenn nicht – lächle und geh in deinem Skript weiter. Natürlich klingt das viel einfacher, als es in Wahrheit ist. Aber es funktioniert, wenn du bereit bist, diese Verhaltensweise anzunehmen. Jetzt solltest du versuchen, diesen Ansatz so oft wie möglich anzuwenden, bis er zu einer Auftrittsroutine geworden ist.

Fehler, die nur ein Teil des Publikums wahrnimmt

Natürlich gibt es noch eine Mischform der zwei eben beschriebenen Fälle. Fehler und Pannen, die nicht von allen Zuschauern wahrgenommen werden. Gerade in der professionellen Comedywelt gibt es Künstler und Künstlerinnen, die sehr von ihrer Reaktionsschnelligkeit und Improvisationsfähigkeit leben. Diese Personen suchen quasi Pannen und Publikumsreaktionen, um mit diesen Situationen zu spielen. Wenn du jedoch auf Zwischenrufe und sonstige Pannen eingehen möchtest, solltest du dir überlegen, ob wirklich alle im Publikum diesen Vorfall auch mitbekommen haben.

Ein Beispiel: großer Saal, 500 Zuschauer. In der ersten Reihe fällt jemandem etwas aus der Hand oder das Handy klingelt. Jetzt musst du entscheiden, haben genügend Personen diese Aktion mitbekommen, dass ich reagieren muss oder ist die Störung so begrenzt, dass ich sie besser nicht kommentiere? Falls du aber eine gute Antwort für diese Situation hast, dann musst du eventuell den restlichen Zuschauern die Situation kurz klarmachen: „Wie schräg. Da gebe ich hier oben alles und hier in der ersten Reihe – hier vorn, direkt vor mir – telefoniert jemand mit seinen Eltern. Oder waren es die Kinder? Oder hast du Essen bestellt?" Was du sagst, ist dir überlassen und sollte schon auf die jeweilige Situation passen, aber du solltest immer zusätzlich zu deiner Reaktion die Situation so beschreiben, dass alle verstehen, was gerade passiert ist.

MERKE: *Es gibt zwei Arten von Fehlern. Erstens Fehler, die jeder im Publikum als Fehler sofort erkennt, und zweitens solche, die erst dann als Fehler wahrgenommen werden, wenn du dein Publikum darauf hinweist.*

FAZIT: *Auch wenn du alles versuchen solltest, dass Fehler erst gar nicht eintreten, kannst du sie zu deinem Vorteil nutzen. Denn die Person, die entspannt und freundlich Fehler löst, wird in den Augen der Zuschauer schnell als kompetente und souveräne Persönlichkeit wahrgenommen.*

KAPITEL 7 Entscheidungen

In den unterschiedlichen Auftritts- und Vortragssituation werden immer wieder Momente auftauchen, in denen du Entscheidungen treffen musst. Denn trotz der besten Vorbereitung und der intensivsten Proben kann es sein, dass sich Situationen plötzlich komplett anders darstellen, als es dir im Vorfeld mitgeteilt worden ist oder du es dir vorgestellt hast, und dann solltest du reagieren. Zum Beispiel könnte sich die Auftrittsreihenfolge verändern oder die ganze Veranstaltung fängt später an und alle müssen ihre Vorträge und Auftritte kürzen. Dann funktioniert die Technik nicht so, wie sie sollte. Andere Leute überziehen oder sind kürzer und bringen den ganzen Zeitplan durcheinander. Vielleicht gibt es Zwischenfragen oder Zuschauer stören und du musst dich entscheiden, ob du darauf eingehst oder nicht.

Es müssen auch nicht immer nur Fehler sein, die eine Entscheidung von dir verlangen. Manchmal sind es Anpassungswünsche von Auftraggebern, Fragen vom Publikum oder die Erkenntnis, dass das Publikum komplett anders reagiert, als du es erwartet hast. Und es gibt auch noch ganz andere Entscheidungen, die du treffen musst. Zum Beispiel, ob du heute neues Gag-Material ausprobieren oder dir einen neuen Look zulegen möchtest.

Manchmal läuft es sogar im positiven Sinne viel besser als erwartet. Die Leute feiern dich und du erhältst mehr Zuspruch als gedacht. Die Folge: Du musst längere Pausen für Applaus oder sonstige Reaktionen setzen, dein Timing ändert sich und dein Part wird viel länger als geplant. Jetzt musst du dich entscheiden, ob du abbrichst, deinen Vortrag kürzt oder dich dem Ärger der anderen Künstler aussetzen willst.

Im Kapitel 4.6 Umgang mit Fehlern hast du ja schon gelernt, wie man mit schwierigen Situationen umgehen könnte. In diesem Kapitel geht es darum, dass du diese Erkenntnisse dann auch tatsächlich umsetzt. Du solltest akzeptieren, dass eine Entscheidung zu treffen ein wichtiger Teil deines Jobs ist. Und wie beim Thema des Fehlermanagements hilft es, wenn du verstehst, dass sich viele solcher Entscheidungssituationen wiederholen. Daher ist es wichtig, dass du auch in der Feedbackphase immer wieder überlegst, wie du vor Ort reagiert hast und wie du vielleicht auch noch hättest anders reagieren können. So baust du dir ein Entscheidungsrepertoire auf, das dir in kommenden Situationen helfen wird, schneller eine Entscheidung zu treffen.

Was kannst du im Detail beachten? Natürlich kannst du dich entscheiden, dich nicht zu entscheiden. In der Regel ist dies aber keine erfolgsversprechende Taktik, denn häufig nimmt dir dann irgendjemand anderes die Entscheidung ab. Beispiel: Der Ton ist schlecht und man versteht dich schlecht. Du merkst dies zwar, entscheidest dich aber, nicht auf diese Situation einzugehen. Irgendwann nehmen dir die Zuschauer die Entscheidung ab und gehen. Es spielt keine Rolle, ob du Lust hast dich zu entscheiden oder nicht, deine Aufgabe sollte es sein, die Entscheidung zu kontrollieren. Genau wie beim Fehlermanagement hilft es, kurz einmal nachzudenken, ob eine Entscheidung wirklich notwendig ist, oder ob es sich „verspielt". Wenn du aber erkennst, dass „keine Entscheidung" sich für dich negativ auswirken wird, solltest du spätestens dann reagieren. Denk noch einmal kurz über das „Negativauswirken" nach. Denn die negativen Folgen merkst du nicht immer sofort. Manchmal wirst du die Auswirkungen erst viel später erkennen. Ein weiteres Beispiel: Während deines Vortrags merkst du, dass er erheblich länger dauern wird als geplant. Du weißt aber auch, dass dein Vortrag am besten funktioniert, wenn du ihn der vollen Länge durchziehst, denn dann werden dich die Zuschauer wahrscheinlich am meisten feiern. Aber – und das spürst du oft erst viel später – kann diese Entscheidung der Überziehung dazu führen, dass du sowohl vom Team, den Kollegen als auch den Veranstaltern in Zukunft gemieden wirst. Das heißt, jede Entscheidung, auch die Entscheidung gegen eine Anpassung, führt zu entsprechenden Reaktionen.

Und damit sind wir bei dem Hauptproblem von Entscheidungen. Entscheidungen ziehen Konsequenzen nach sich und die musst du lernen auszuhalten – anders geht es leider nicht. Wenn etwas schiefgeht oder etwas Unvorhergesehenes eintritt, musst du reagieren. Du kannst nicht nach hinten rennen und fragen, was jetzt gemacht werden soll.
Tatsächlich ist die Entscheidungslast abhängig von deiner Rolle. Vereinfacht ausgedrückt steigt sie von den Experten über die Künstler zu Dienstleistern bis zu den Moderatoren und Moderatorinnen. Experten und Expertinnen informieren und sollen Wissen transportieren, das heißt, wenn das Publikum nicht tobt, dann ist das letztendlich nicht wirklich schlimm. Wenn das Publikum die Experten nicht richtig hört,

dann hat das Publikum – denken wir nur mal an die Welt der Weiterbildung – den Druck, die Experten und Expertinnen irgendwie zu verstehen.

Derselbe Fall stellt sich aus Künstlersicht schon anders dar. Dort ist es ja deine Aufgabe, die Zuschauer zu begeistern. Wenn sie dich aber nicht richtig hören, dann musst du dir Gedanken machen, wie du mit dieser Situation umgehst. Doch letztendlich bist du als Künstler oder Künstlerin für dich selbst verantwortlich. Das heißt wiederum, wenn du glaubst, es sei richtig, den Auftritt abzubrechen, dann kannst du abbrechen. Dann musst du dich vielleicht noch mit dem Theater oder deiner Agentur auseinandersetzen. Wenn du jedoch für eine große Veranstaltung engagiert worden bist oder sie sogar als Moderator oder Moderatorin leitest, dann ist Abbrechen selten eine Alternative. Du musst definitiv einen Weg finden, wie du diese Situation rettest. Du kannst nicht einfach abgehen, sondern du musst überlegen, ob du eine Pause verkündest oder irgendwie überbrückst und parallel von der Bühne aus mit der Technik, den Teilnehmern und den Veranstaltern kommunizierst und eine Lösung findest.

Das ist jetzt nur ein kleines Beispiel, wie komplex Entscheidung sein können und wie sie auch von deiner Rolle beeinflusst werden. Aber wie ich vorhin schon verdeutlicht habe, ist es erfahrungsgemäß sinnvoller, eine Entscheidung zu treffen, als keine Entscheidung zu treffen. Mit den Jahren wirst du auch merken, wie diese Situationen immer einfacher werden. Natürlich wirst du irgendwann auch einmal falsch entscheiden oder du wirst für deine Entscheidung unfair behandelt werden. In dem Fall kann ich dir nur eine Aussage mit auf dem Weg geben: Das ist der Job. Sobald du auf einer Bühne oder vor anderen Menschen stehst, bist du auch für das, was du tust, verantwortlich.

Zum Glück geht es in den wenigsten Fällen, in denen du auf einer Bühne stehst, wirklich um Leben und Tod. Auch wenn der Druck, den du in Auftrittssituationen verspürst, oft enorm groß ist, solltest du dir immer wieder das große Ganze vor Augen führen und du wirst sehen, die Welt wird nicht sofort mit jeder Panne und jeder falschen Entscheidung untergehen.

Vielleicht hilft dir dieser Gedanke, um hin und wieder einmal tief durchzuatmen, und dich etwas entspannter einem Thema zu widmen. Was ich aber versprechen kann, ist, dass sich dieses Entscheidungstraining, dem du dich in Auftritts- und Vortragssituationen aussetzt, dir später in deinem ganzen Leben weiterhelfen wird.

Egal, wie gut du vorbereitet bist, irgendetwas, was du nicht geplant oder vorhergesehen hast, passiert immer. Jetzt ist deine Entscheidung gefragt. Doch wenn du dich auf diese Situationen einlässt und auch im Nachgang überlegst, wie du vielleicht noch anders hättest reagieren können, wird dir jede weitere Entscheidung in Zukunft leichter fallen.

Wenn Entscheidungen anliegen, solltest du reagieren, denn ansonst wird über dich entschieden. Und ich an deiner Stelle würde immer versuchen, die Kontrolle zu behalten.

KAPITEL 8 Last Impression

Ich habe bisher oft über die magische Minute und die First Impression gesprochen. Dieses Thema ist essenziell für den Erfolg deines Auftritts oder Vortrags. Denn am Anfang wird das Fundament für die nächsten Minuten gelegt. Bei dem Thema der Last Impression geht es weniger um deinen eigentlichen Auftritt oder Vortrag, sondern um die Frage, wie du als Mensch und als Persönlichkeit wahrgenommen wirst. Worauf kannst du in der Zeit nach deinem Auftritt oder Vortrag achten und was kannst du tun, damit du noch mehr als starke Persönlichkeit wahrgenommen wirst?

Für alle weiteren Schritte solltest du erst einmal klären, in welcher Rolle du bei dem entsprechenden Event von den Zuschauern wahrgenommen wirst. Wirst du eher als Experte und Expertin oder schon als eine prominente Person des öffentlichen Lebens gesehen? Vereinfacht ausgedrückt könnte man sagen: Bist du noch nicht so bekannt, ist die Zeit nach deinem Vortrag oder deines Auftritts eine weitere Chance, den Eindruck, den du bei den Menschen hinterlassen hast, zu verstärken. Je bekannter du bist, umso genauer solltest du darauf achten, rückwirkend nicht noch in ein paar unnötige Fettnäpfchen zu treten und stattdessen alles unternehmen, um deinen Eindruck zu verfestigen. Soweit die grundsätzliche Herangehensweise.

Jetzt möchte ich die Situation noch etwas detaillierter betrachten. Alles Weitere, was ich jetzt beschreibe, kannst du für beide Wahrnehmungstypen aufgreifen und graduell anpassen. Die Erfahrung hat mir gezeigt, dass du immer beobachtet wirst – egal, ob du gut oder schlecht warst. Ehrlich gesagt, wirst du immer dann besonders genau beobachtet, wenn du außergewöhnlich gut oder schlecht warst.

Hast du gefloppt, hast du jetzt die Chance, Größe zu zeigen und dich als jemand darzustellen, der mit Niederlagen umgehen kann. Ich kann dir nur raten, nutze die Chance. Auch wenn es weh tut, Niederlagen einzustecken und sich direkter Kritik aussetzen zu müssen, ist schon viel Gutes geschehen, nur weil man sich der Situation gestellt hat.

Warst du jedoch besonders gut (wovon ich ausgehe), wirst du ebenfalls genau unter die Lupe genommen. Oft wollen dich Zuschauer sogar testen, ob du auch als „Mensch" so toll bist, wie sie dich eben noch auf der Bühne erlebt haben. Oder bist du doch nur einer von vielen Blendern?

Was das Thema der Last Impression so herausfordernd macht, ist die Tatsache, dass es nicht den einen Moment gibt, wann der Auftritt oder Vortrag definitiv vorbei ist. Es gibt quasi viele kleine Schlussmomente, die alle Chancen und Fettnäpfchen bereithalten. Dazu eine Liste, die dir aufzeigt, welche unterschiedliche Schlusspunkte es geben könnte und was du in der jeweiligen Situation tun könntest.

Ende des Vortrags

Das erste Ende findet statt, wenn du dein Referat, deinen Vortrag oder deine Show beendest und Danke oder auf Wiedersehen gesagt hast.

Abgang

Jedoch musst du jetzt noch abgehen. Und ab diesem Moment wirst du beobachtet oder gerätst in Situationen, in denen du die Beurteilung deiner Person beeinflussen kannst.

Publikumskontakt

Als Nächstes trittst du möglicherweise mit Leuten in Kontakt. Vielleicht wirst du gelobt, vielleicht kritisiert, vielleicht wirst du auch nur in Small Talk verstrickt, aber auch hier kannst du Leute beeinflussen. Denk kurz einmal an das Thema „Umgang mit Lob und Kritik" zurück.

Austausch mit den Entscheidern

Später stehst du noch mit dem Kunden oder der Kundin an der Bar. Hier kannst du neue Jobs abschließen oder verlieren. Denn irgendwann ist dein Auftritt schon fast in Vergessenheit geraten, wenn man dich aber mag, wird immer etwas Gutes passieren.

Abbau und Abreise

Danach kommt es zum Abbau. Vielleicht unterhältst du dich noch mit den technischen Ausrüstern der Veranstaltung. Unterschätze nicht das Netzwerk dieser Firmen, denn sie sind Tag für Tag in der Auftrittswelt unterwegs. Und ein gutes Wort kann immer helfen.

Social Media

Und selbst wenn du dann wirklich zu Hause angekommen bist oder im Hotel sitzt, ist der Job noch nicht zu Ende. Es gibt ja noch Social Media. Hast du alle Kanäle kontrolliert oder macht das jemand für dich? Hast du dieser Person die entsprechenden Informationen zukommen lassen?

Nachbereitung

Auch Tage danach kannst du dich ja noch einmal bedanken. Du könntest ein Dankesschreiben aufsetzen oder einen Dank posten.

Auch nach deinem Auftritt hast du noch ganz viele Chancen, die Meinung der Zuschauer zu beeinflussen. Der Auftritt ist erst vorbei, wenn du den Auftrittsort verlassen und alle Nachbereitungsmöglichkeiten abgeschlossen hast.

Die Zeiten nach einem Auftritt oder Vortrag bieten dir viele Chancen dich nicht nur als Akteur oder Akteurin, sondern als einen persönlichkeitsstarken Menschen zu präsentieren.

KAPITEL 9 Mut

Und damit kommen wir zum finalen Kapitel dieses Buches. Wir kommen zum Thema Mut. Und ich verspreche dir, dass ich mich kurzhalte, denn wenn du dieses Buch durchgelesen und nur einige Tipps mitgenommen hast, dann hast du schon ganz viel richtig gemacht. Du hast dir eine Grundlage aufgebaut, die dir hilft, deine Bühnenpräsenz deutlich zu verbessern und damit deine Persönlichkeit und Ausstrahlung auf ein höheres Level anzuheben.

Was jetzt noch fehlt, ist eine kleine Portion Mut. Mut, das Gelernte auch umzusetzen. Mut, dich dem Lampenfieber zu stellen. Mut, in Situationen zu gehen, die du nicht immer komplett vorhersagen kannst. Mut, Entscheidungen zu treffen. Mut, bei möglichen Misserfolgen weiter zu lächeln.

So gerne ich Tipps gebe und Menschen unterstütze, diesen letzten Schritt auf die Bühne, vor eine Kamera oder vor ein Publikum musst du dann doch allein gehen. Aber ich verspreche dir, dass der Stress und die Sorgen sich mit jedem weiteren Auftritt deutlich abbauen werden. Du wirst in der Anfangszeit sicherlich öfters nervös sein. Aber wenn du irgendwann auf ein paar Jahre Auftrittserfahrung zurückblickst, dann wirst du feststellen, dass du nie mehr so nervös sein wirst wie beim ersten Mal.

Mach dir noch einmal klar, was du wirklich willst. Willst du auf die Bühne? Willst du erfolgreich sein? Willst du deine Persönlichkeit weiter nach vorn schieben? Wenn das dein Ziel ist, dann musst du dir diesen kleinen entscheidenden Schubs einfach geben. Es ist wie mit einem Sprung vom 10-Meter-Turm. Es gehört schon viel Mut dazu, auf den Turm hochzusteigen, aber wenn du einmal dort stehst, dann solltest du auch springen. Denn ansonsten war die ganze große Anstrengung umsonst. Wenn du wartest, bis alles 100%ig passt, hast du eigentlich schon die große Chance verpasst. Du kannst nicht warten, bis sich deine Sorgen und Ängste in Luft auflösen, du kannst sie tatsächlich nur durch bewusstes und rationales Training umprogrammieren. Das habe ich mir nicht ausgedacht, das ist Stand der psychologischen Forschung.[17] Aber diese Verpflichtung muss immer von dir kommen.

Und wenn du einmal gesprungen bist, wirst du wahrscheinlich später noch einmal springen müssen. Und auch dieser Sprung wird dich einiges an Überwindung kosten, aber jetzt bist du vorbereitet und weißt, was dich da unten erwartet. Und vielleicht hast du jetzt vorausschauend ein Kamerateam oder einen Sanitäter an den Beckenrand gestellt.

Jede Form von Auftritt und Vortrag ist immer eine Herausforderung. Doch die Zufriedenheit, das Glücksgefühl und der Erfolg, der aus diesen Vortragssituationen resultiert, wird dich für all den Stress großzügig entschädigen. Und jetzt geh raus, lächle und sei erfolgreich, denn ich brauche viele Menschen, die dieses Buch weiterempfehlen …

Dank

Danke Natascha, für deine Geduld, und danke Kaya, für die Freude am Leben.

Dieses Buch wäre nie erschienen, wenn ich nicht während meiner Schulzeit die Chance erhalten hätte, in einem Theaterstück auftreten zu dürfen. Shakespeare hat sozusagen alles ins Rollen gebracht. Mein Geschichtslehrer und Peter Zadek-Fan Dieter Servatius hat mir nicht nur die Freude am Auftritt vermittelt, er hat mir auch gezeigt, wie befriedigend es ist, wenn man Wissen weitergibt und andere Menschen inspiriert.

Ich kann meinen Eltern und meiner Schwester nicht genug danken, dass sie mich seit meinem 20. Lebensjahr unterstützen, auf den Bühnen der Welt mein Geld zu verdienen.

Ein großer Dank gilt allen Künstlern und Künstlerinnen, die mich zum Lachen gebracht oder mit ihrem Spiel berührt haben. Wir Künstler können nicht jedes Problem auf der Welt mit einem Witz lösen, aber wir können die Köpfe der Menschen entstressen und so dafür sorgen, dass die Zuschauer später die Probleme selbst kreativer und entspannter angehen. Weiter so ...

Besonders erwähnen möchte ich *Die Niegelungen*, diese unfassbar lustige Comedytruppe, die von Koblenz aus schon in den 80er Jahren Humorgeschichte geschrieben hat. Danke Roberto Capitoni und Andreas Grimm, und ein ganz besonderer Dank gilt Ralf Günther, mit dem alles begann und der – und hier schließt sich der Kreis – den Kontakt zum Verlag hergestellt hat.

Mein Dank gilt *NightWash* und all den Menschen, die mir bei der Umsetzung geholfen haben. Diese Idee hat mein Leben verändert. Denn mit dieser Idee haben wir nicht nur mir gezeigt, dass Stand-up in Deutschland eine Chance hat, sondern dass Talente überall auf der Welt zu finden sind – man sollte sie nur fördern.

Danke an meine Agentur Stand-up & More, insbesondere an Jessica Fabricius für die tatkräftige Unterstützung, das Management und die Verhandlungen. Janine Ziemer, dass du das Buch als Erste gelesen hast. Danke an Adrian, Dennis, Manu, Carla und Hugo, dass ihr euch immer wieder neue Ideen und Titel von mir anhören musstet.

Danke an Tamara Elsen-Virnich und ihr Steuerbüro, das in Zeiten von Corona immer den Überblick behalten hat.

Danke an Rolf Schmiel, für deine Bereitschaft, sich auf neue Ideen einzulassen, und für viele Einsichten in die Welt der „Hacks" und der Buchvermarktung. Danke an Lizzie Fregge, dass du das erste Minilektorat übernommen hast. Ohne meinen Lieblingsfotografen Guido Schröder würde es wahrscheinlich kein einziges vernünftiges Foto von mir geben. Danke an Mathias Haze und Mo Tapprogge für eure grafische Extravaganz. Ohne die zwei Videofilmer Markus Werner und Alex Przewozniak „Der Piwo" wären die Werbevideos und Tutorials nie so schön geworden. Danke an Karin Leiste und die großartige Filmlocation „Das Bauwerk".
Und danke an meinen Verleger Alexander Broicher, dass ich dich so schnell überzeugen konnte und dass du mir meine tolle Lektorin Eva-Maria Kempe vorgestellt hast.

Und noch einmal Danke an meine Frau Natascha Mizelle, die mich nicht nur immer persönlich unterstützt, sondern auch inhaltlich als Beraterin und erste Lektorin wieder einmal einen maßgeblichen Anteil an meiner Arbeit hat.

Klassiker des Schauspieltrainings

AN ACTOR PREPARES von Konstantin Stanislawski
Dieses Buch ist ein Klassiker des Schauspieltrainings und bietet Einblicke in die Vorbereitung eines Schauspielers auf eine Rolle. Es behandelt Themen wie Konzentration, Vorstellungskraft, Körperarbeit und die Entwicklung von Emotionen.
https://amzn.eu/d/8peNdzQ

RESPECT FOR ACTING von Uta Hagen
Uta Hagen war eine bekannte Schauspielerin und Lehrerin, die in diesem Buch ihre Methode des Schauspieltrainings vorstellt. Es behandelt Themen wie die Identifikation mit dem Charakter, das Spielen von Konflikten und die Arbeit mit dem Text.
https://amzn.eu/d/hKGxRDH

THE ART OF ACTING von Stella Adler
Dieses Buch präsentiert die Schauspielmethoden der amerikanischen Schauspielerin Stella Adler. Es behandelt Themen wie die Analyse von Texten, das Verständnis von Charakteren und die Entwicklung von Ausdruck und Präsenz auf der Bühne.
https://amzn.eu/d/5dnWC4k

Klassiker der Kameraarbeit

ACTING FOR THE CAMERA: REVISED EDITION von Tony Barr
Dieses Buch bietet eine umfassende Einführung in das Schauspiel vor der Kamera. Es behandelt Themen wie die Anpassung der schauspielerischen Techniken an die Bedürfnisse der Kamera, die Arbeit mit verschiedenen Kameraeinstellungen und die Entwicklung von Charakteren für den Bildschirm.
https://amzn.eu/d/6Da8TgX

ON CAMERA: HOW TO REPORT, ANCHOR & INTERVIEW von Nancy Reardon
Dieses Buch richtet sich an Journalisten, Nachrichtensprecher und Interviewer, die vor der Kamera arbeiten. Es bietet praktische Anleitungen und Tipps für das Auftreten und die Präsentation vor der Kamera, die Stimmbildung, das Interviewen von Gästen und das Moderieren von Sendungen.
https://amzn.eu/d/0pWgD52

THE FIVE C'S OF CINEMATOGRAPHY: MOTION PICTURE FILMING TECHNIQUES von Joseph V. Mascelli
Obwohl es sich nicht ausschließlich auf das Schauspiel vor der Kamera konzentriert, ist dieses Buch ein Klassiker im Bereich der Kameratechnik. Es bietet eine umfassende Einführung in die Grundlagen des Filmens, einschließlich Kameraeinstellungen, Komposition, Beleuchtung und Bewegung.
https://amzn.eu/d/6Erbu0G

Ausstrahlung & Nervosität

THE ART OF PUBLIC SPEAKING von Dale Carnegie
Dieses Buch gilt als Klassiker im Bereich der öffentlichen Redekunst. Es bietet praktische Ratschläge, Tipps und Techniken zur Bewältigung von Nervosität und zur Verbesserung der Redefähigkeiten. Es enthält auch Anleitungen zur Vorbereitung von Reden und zur Interaktion mit dem Publikum.
https://amzn.eu/d/3d23hvb

STAGE FRIGHT: MASTERING THE FEAR OF PUBLIC SPEAKING von Mick Berry und Michael Edelstein
Obwohl es sich hauptsächlich mit Lampenfieber und Angst vor öffentlichem Sprechen befasst, bietet dieses Buch auch Atemübungen zur Stressbewältigung und Angstreduktion auf der Bühne. Es enthält praktische Ratschläge und Strategien, um mit Nervosität umzugehen und sich selbstbewusst auf der Bühne zu präsentieren.
https://amzn.eu/d/jcl4Tdt

THE CHARISMA MYTH: HOW ANYONE CAN MASTER THE ART AND SCIENCE OF PERSONAL MAGNETISM von Olivia Fox Cabane
Dieses Buch untersucht die Natur von Charisma und bietet praktische Techniken, um Nervosität zu überwinden und Selbstvertrauen auf der Bühne zu entwickeln. Es behandelt auch die Wissenschaft hinter der Ausstrahlung von Charisma und zeigt, wie man diese Fähigkeiten erlernen kann.
https://amzn.eu/d/e36hkIA

STEAL THE SHOW: FROM SPEECHES TO JOB INTERVIEWS TO DEAL-CLOSING PITCHES. HOW TO GUARANTEE A STANDING OVATION FOR ALL THE PERFORMANCES IN YOUR LIFE von Michael Port
Dieses Buch behandelt das Konzept des „Performing Arts" für öffentliches Reden und Präsentationen. Es bietet Strategien zur Überwindung von Bühnenangst, zur Steigerung des Selbstvertrauens und zur Schaffung einer beeindruckenden Bühnenpräsenz.
https://a.co/d/f1b7tst

Vortrag & Speaking

TED TALKS: THE OFFICIAL TED GUIDE TO PUBLIC SPEAKING von
Chris Anderson
Chris Anderson, der Leiter von TED, teilt in diesem Buch seine Erfahrungen und Erkenntnisse über das Halten von TED-Talks. Es bietet
Anleitungen für die Vorbereitung, Strukturierung und Präsentation
einer Rede, um das Publikum zu fesseln und eine Botschaft wirkungs-
voll zu vermitteln.
https://a.co/d/hk78yO3

TALK LIKE TED: THE 9 PUBLIC SPEAKING SECRETS OF THE WORLD'S
TOP MINDS von Carmine Gallo
Dieses Buch analysiert die erfolgreichsten TED-Talks und präsentiert
neun Geheimnisse des öffentlichen Redens. Es bietet praktische Ratschläge, Tipps und Techniken, um eine inspirierende und überzeugende Präsentation zu halten.
https://amzn.eu/d/9mrpgTp

HBR GUIDE TO PERSUASIVE PRESENTATIONS von Nancy Duarte
Dieser Leitfaden von Nancy Duarte, einer renommierten Präsentati-
onsberaterin, bietet praktische Tipps und Strategien für überzeugende
Präsentationen. Er beinhaltet Techniken zur Gestaltung von fesseln-
den Folien, zur Entwicklung einer überzeugenden Erzählstruktur und
zur Steigerung der Wirksamkeit der eigenen Präsentationen.
https://amzn.eu/d/5otjdjQ

Mentales Training

THE INNER GAME OF TENNIS von W. Timothy Gallwey
Obwohl es sich auf Tennis konzentriert, bietet dieses Buch eine bahn-
brechende Perspektive auf mentales Training und Leistung. Es behandelt die Rolle des inneren Selbstgesprächs, die Kontrolle der Konzentration und die Überwindung von Ängsten und Zweifeln.
https://amzn.eu/d/95v3FYb

PERFORMING UNDER PRESSURE: THE SCIENCE OF DOING YOUR BEST
WHEN IT MATTERS MOST von Hendrie Weisinger und J. P. Pawliw-Fry
Dieses Buch untersucht die Psychologie der Leistung unter Druck und
bietet Strategien, um mit Stress und Angst umzugehen. Es enthält
Fallstudien aus verschiedenen Bereichen, einschließlich Sport und
Bühne, und bietet praktische Tipps für die Optimierung der Leistung.
https://amzn.eu/d/bmg8FW2

Stand-up-Comedy

BORN STANDING UP. A COMIC'S LIFE von Steve Martin
In diesem Buch erzählt Steve Martin, einer der bekanntesten Komiker
seiner Generation, von seinen Anfängen als Stand-up-Comedian und
seinem Aufstieg zum Superstar.
https://amzn.eu/d/hRX7FKG

THE COMEDY BIBLE: FROM STAND-UP TO SITCOM – THE COMEDY
WRITER'S ULTIMATE HOW-TO GUIDE von Judy Carter
Dieses Buch ist ein umfassender Leitfaden für angehende Stand-up-
Comedians. Es behandelt verschiedene Aspekte der Comedy, von der
Entwicklung von Material bis hin zur Bühnenpräsenz und dem Aufbau
einer Karriere in der Comedy-Branche.
https://amzn.eu/d/axJoBvL

Improvisation

IMPRO: IMPROVISATION AND THE THEATRE von Keith Johnston
Dieses Buch ist der Klassiker im Bereich der Improvisation. Keith
Johnstone, ein renommierter Theatermacher, bespricht die Prinzipien
und Techniken der Improvisation und bietet praktische Übungen und
Anleitungen für Impro-Comedians.
https://amzn.eu/d/4PEFtF5

TRUTH IN COMEDY: THE MANUAL OF IMPROVISATION von Charna Halpern, Del Close und Kim Howard Johnson
Dieses Buch, geschrieben von drei Pionieren der Improvisations-Comedy, bietet eine umfassende Anleitung für Improvisations-künstler. Es behandelt verschiedene Aspekte des improvisierten Spiels und bietet Einblicke in die Entwicklung von Szenen, Charakteren und Comedy im improvisierten Kontext.
https://amzn.eu/d/cnC0yvO

Late-Night

LATE NIGHT WITH DAVID LETTERMAN: THE BOOK von David Letterman
Dieses Buch wurde von David Letterman selbst verfasst und bietet einen einzigartigen Einblick in seine legendäre Late-Night-Show. Es enthält eine Sammlung von humorvollen und ikonischen Momenten aus *Late Night with David Letterman* sowie persönliche Geschichten und Erinnerungen des Gastgebers.
https://a.co/d/bx82oPI

THE LATE SHIFT: LETTERMAN, LENO, AND THE NETWORK BATTLE FOR THE NIGHT von Bill Carter
Dieses Buch erzählt die fesselnde Geschichte des Kampfes zwischen Jay Leno und David Letterman um den begehrten Timeslot der Late-Night-Shows. Es bietet einen Einblick in die Welt der Fernsehindustrie und die Machtkämpfe hinter den Kulissen.
https://amzn.eu/d/11K73Nb

Körpersprache

THE DEFINITIVE BOOK OF BODY LANGUAGE von Allan und Barbara Pease
Dieses Buch ist ein Klassiker und bietet einen umfassenden Einblick in die nonverbale Kommunikation und Körpersprache. Es enthält viele praktische Beispiele, Tipps und Illustrationen, um die Körpersprache zu verstehen und zu interpretieren.
https://amzn.eu/d/eOgoUwK

WHAT EVERY BODY IS SAYING: AN EX-FBI AGENT'S GUIDE TO SPEED-READING PEOPLE von Joe Navarro und Marvin Karlins
Joe Navarro, ein ehemaliger FBI-Agent, teilt in diesem Buch seine Erfahrungen und Techniken zur Beobachtung und Interpretation von Körpersprache. Es bietet einen faszinierenden Einblick in die nonverbale Kommunikation und hilft dabei, die Absichten und Emotionen anderer Menschen besser zu verstehen.
https://amzn.eu/d/fSUHnLc

THE SILENT LANGUAGE von Edward T. Hall
Dieses Buch erkundet die Bedeutung der nonverbalen Kommunikation in verschiedenen Kulturen. Es behandelt verschiedene Aspekte der Körpersprache, wie Gestik, Mimik, Haltung und Raumwahrnehmung. Es bietet eine interessante Perspektive auf die kulturelle Vielfalt der Körpersprache.
https://amzn.eu/d/h9Affbb

INFLUENCE: THE PSYCHOLOGY OF PERSUASION von Robert Cialdini
Obwohl es sich nicht ausschließlich auf Körpersprache konzentriert, behandelt dieses Buch die Grundlagen der Überzeugung und des Einflusses. Es erklärt, wie Körpersprache als Teil des Gesamtrepertoires der Überzeugungskraft genutzt werden kann, und bietet Einblicke in die Mechanismen der menschlichen Entscheidungsfindung.
https://amzn.eu/d/0aPwhPq

Timing

THE COMIC TOOLBOX: HOW TO BE FUNNY EVEN IF YOU'RE NOT von John Vorhaus
Obwohl es sich nicht ausschließlich auf das Auftrittstiming konzentriert, bietet dieses Buch eine Fülle von Techniken und Tipps, um komische Timing-Effekte zu erzeugen. Es behandelt die Kunst des Komödiantentums und zeigt, wie Timing und Pausen den Humor einer Darbietung verbessern können.
https://amzn.eu/d/7fJOVi5

IMPROVISATION FOR THE THEATER von Viola Spolin
Obwohl es sich nicht ausschließlich auf das Timing konzentriert, ist dieses Buch ein Klassiker in der Welt der Improvisation und behandelt wichtige Prinzipien des Zusammenspiels und des reaktiven Timings auf der Bühne. Es bietet Übungen und Techniken, um spontane und gut getimte Reaktionen zu entwickeln.
https://amzn.eu/d/3xHNOR4

TIMING FOR ANIMATION von Harold Whitaker und John Halas
Dieses Buch konzentriert sich speziell auf das Timing in der Animation, ist aber auch für andere Bühnenkünstler relevant. Es bietet Anleitungen zur Steuerung von Tempo, Rhythmus und Pausen, um eine effektive und ausdrucksstarke Performance zu erzielen.
https://amzn.eu/d/fRJER9b

THE INNER GAME OF MUSIC von Barry Green und W. Timothy Gallwey
Obwohl sich dieses Buch auf Musik konzentriert, enthält es wertvolle Einsichten zum Bühnentiming und zur Leistung auf der Bühne. Es behandelt die Bedeutung von Konzentration, Fokus und Timing, um das Beste aus einer Liveaufführung herauszuholen.
https://amzn.eu/d/0zIRAep

Zeitmanagement

STAGECRAFT: A GUIDE TO BACKSTAGE BASICS von Rita Kogler Carver
Dieses Buch ist ein umfassender Leitfaden für Bühnenkunst und behandelt auch das Timing und die Koordination von Aufführungen. Es bietet Tipps und Techniken, um Bühnenwechsel, Licht- und Tontechnik, Requisiten und andere Aspekte der Bühnenproduktion effektiv zu organisieren.
https://amzn.eu/d/dLsE4A6

THE BACK STAGE GUIDE TO STAGE MANAGEMENT von Thomas A. Kelly
Dieses Buch ist eine unverzichtbare Ressource für Bühnenmanager
und behandelt auch das Thema Timing in Bezug auf die Koordination
von Aufführungen. Es bietet Anleitungen zur Planung und Durchführung von Proben, zum Festlegen von Bühnenbewegungen und zum
Timing von Bühneneffekten.
https://amzn.eu/d/1A2wQHA

Sprechtraining

DER KLEINE HEY: DIE KUNST DER SPRACHE von Julius Hey
Dieses Buch ist ein Klassiker im Bereich Sprechtraining. Es behandelt
verschiedene Aspekte der Sprache, wie Aussprache, Betonung, Modu-
lation und Artikulation. Es bietet praktische Übungen und Tipps, um
die eigene Sprechtechnik zu verbessern.
https://amzn.eu/d/0BKjKkX

DER KLEINE HEY: DIE KUNST DES SPRECHENS von Julius Hey
Dieses Buch ist eine Fortsetzung des Kleinen Hey und widmet sich
speziell der Stimme. Es behandelt Themen wie Stimmhygiene, Atem-
technik, Resonanz und Stimmklang. Es bietet eine umfassende Anleitung zur Stimmverbesserung und -entwicklung.
https://amzn.eu/d/4XiYRvP

FREI SPRECHEN: IN RADIO, FERNSEHEN UND VOR PUBLIKUM. EIN
TRAINING FÜR MODERATOREN UND REDNER von Michael Rossié
Frei sprechen ist ein Trainingsprogramm für Moderatoren in Radio
und Fernsehen, für Pressesprecher und Politiker, Referenten, Professoren, Speaker, Lehrer, Studenten, Manager, Verkäufer oder Vereins-
vorsitzende – für jeden, der öffentlich spricht.
https://amzn.eu/d/08tBYG6

Atemübungen

JUST BREATHE: MASTERING BREATHWORK FOR SUCCESS IN LIFE, LOVE, BUSINESS, AND BEYOND von Dan Brulé
Dan Brulé, ein Atemmeister und Coach, teilt in diesem Buch seine Erfahrungen und Techniken für bewusstes Atmen. Er erklärt, wie wir durch gezielte Atemübungen unsere Leistung steigern, Stress abbauen und ein erfülltes Leben führen können.
https://amzn.eu/d/hStVHnT

BREATH - ATEM: NEUES WISSEN ÜBER DIE VERGESSENE KUNST DES ATMENS von James Nestor
James Nestor, amerikanischer Journalist und Bestsellerautor, trifft Spitzenwissenschaftler in Harvard und studiert die Auswirkungen von Atembeschwerden. Unterhaltendes Buch, das viele Einsichten liefert, was die Atmung in unserem Körper auslösen kann.
https://amzn.eu/d/ha7sOjZ

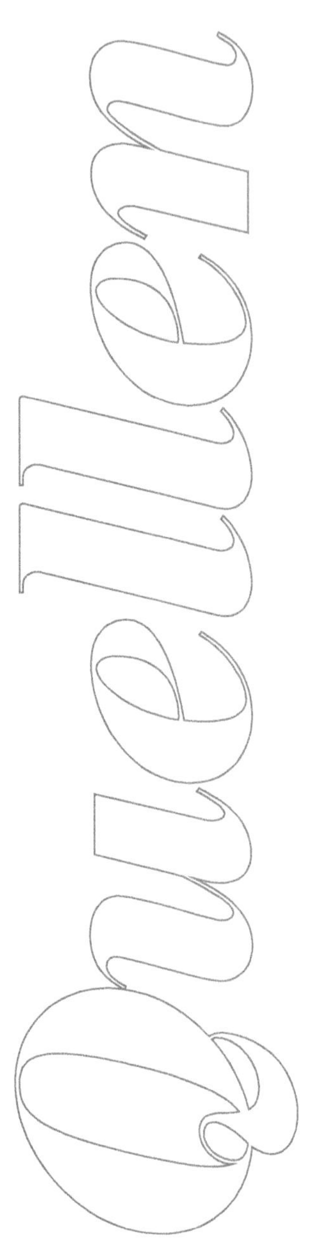

[1] https://www.deutschlandfunkkultur.de/duzen-siezen-anrede-100.html

[2] Golfer Yannik Paul, Die Welt, 29.03.2022

[3] https://www.derstandard.de/story/2000135797274/studie-koerperhaltung-hat-deutlichen-einfluss-auf-das-selbstvertrauen

[4] https://science.orf.at/stories/3203563/

[5] https://www.dasgehirn.info/handeln/mimik-koerpersprache
Face Value. The irresistible influence of first impression von Alexander Todorov

[6] „Eine gute Rede hat einen guten Anfang und ein gutes Ende – und beide sollten möglichst dicht beieinander liegen." (Mark Twain)

[7] https://journals.plos.org/plosone/article?id=10.1371/journal.pone.0235851

[8] https://www.youtube.com/watch?v=EPjjA49igDo

[9] https://amzn.eu/d/34Nx0ZW

[10] App Performance Timer, gibt es kostenlos im App Store bzw. für Android

[11] https://www.mirror.co.uk/news/uk-news/who-said-that-475379

[12] https://podcasts.apple.com/us/podcast/worklife-with-adam-grant/id1346314086?i=1000606180673

[13] https://journals.plos.org/plosone/article?id=10.1371/journal.pone.0235851

[14] https://www.derstandard.de/story/2000119081714/schon-ein-kleines-laecheln-hilft-gegen-stress

[15] Zitat Søren Kierkegaard

[16] https://www.eurekalert.org/news-releases/599881

stage/hacks
Das Wissen der Profis

Und wenn du dir jetzt überlegst, wie du ausgehend von diesem Buch deine Auftritts- und Vortragsfähigkeiten noch weiter vertiefen kannst, dann kann ich dich nur auf die neuen Masterkurse *Stagehacks - Das Wissen der Profis* verweisen.

Auf Stagehacks.de findest du alle weiteren Infos. Und weil du das Buch bis zum Ende gelesen oder zumindest durchgeblättert hast 😊, erhältst du mit dem folgenden Code sogar 25% Rabatt.

Code: Stagehacks1974

IMPRESSUM

*© fineBooks Verlag Alexander Broicher. Berlin, 1. Auflage 2023
Alle Rechte vorbehalten. Nachdruck und Vervielfältigungen –
auch auszugsweise – nicht gestattet.*

*Herausgeber: Alexander Broicher
finebooksverlag.com*

*Gestaltung, Satz: Mo Tapprogge
mo-creation-design.com*

Coverfoto: Guido Schröder

Lektorat: Eva Kempe

*Printed in Germany
ISBN 9783948373559*